学海漂流记

Drifting
in the
Ocean of Learning

王东京——著

北京联合出版公司
Beijing United Publishing Co.,Ltd.

图书在版编目（CIP）数据

学海漂流记 / 王东京著. -- 北京 : 北京联合出版
公司 , 2025. 3. -- ISBN 978-7-5596-8351-9

Ⅰ. K825.31

中国国家版本馆 CIP 数据核字第 2025LY3832 号

学海漂流记

作　　者：王东京
出 品 人：赵红仕
责任编辑：王　巍
版式设计：豆安国
责任编审：赵　娜

北京联合出版公司出版
（北京市西城区德外大街 83 号楼 9 层　100088）
北京华景时代文化传媒有限公司发行
北京中科印刷有限公司印刷　　新华书店经销
字数 143 千字　　880 毫米 ×1230 毫米　　1/32　　9 印张
2025 年 3 月第 1 版　　2025 年 3 月第 1 次印刷
ISBN 978-7-5596-8351-9
定价：68.00 元

序　言

　　《鲁滨逊漂流记》是英国作家丹尼尔·笛福写的一部小说。故事讲鲁滨逊在一次出海时遭遇风暴，漂流到了一座荒岛，孤立无助，凶险频发，而他却顽强地生存了下来。我是40多年前读的这本书，当时绝对没想到自己也会在"学海"漂流一生。回首往事，感慨良多，于是我写了这本《学海漂流记》。

　　写这本书的起因，是前年夏天几家出版社向我约稿，希望我写一本学术回忆录。对写自己的学术经历我没有兴趣，迟迟未动笔。去年国庆节期间，几位年轻学者来访，大家聊起了学术研究方面的事，发现他们也遇到了我当年遇到的困惑。我讲了一些看法，他们觉得很受启发，也建议我把自己的所思所想写出来。

几位年轻学者点醒了我，对写所思所想我倒是有兴趣，而且也觉得是一位教师义不容辞的职责。研读经济学数十年，自己确实走过不少弯路，有太多的迷茫与感悟，要是写出来为年轻人竖一柱路标，让他们别重蹈自己的覆辙，我想应该是有意义的吧？

从去年12月初开始动笔，完全言出由衷，实话实说，写得也算顺手，不到两个月，便写出了初稿，然后分别请同事、朋友以及自己的博士生阅读提意见，得到他们的反馈后，我又做了修改。本书虽是自己的所思所想，但不管怎么说，也是与读者的一次坦诚对话。

本书分"读书智慧""学问之道""文无定法""走出象牙塔""厚积薄发""他山之石""从教者说"七章。顾名思义，其中前三章，分别是讲如何读书、做研究、写文章；第四章是讲如何做田野调查；而第五、六章，则分别讲如何夯实学术功底和拓宽学术视野；最后一章，是讲一个学者如何传道授业解惑。

要顺便说明的是，我说不写学术经历，可写作时却又难免提到以前的经历，因为本书中的许多看法，皆是对自己以往学术经历的思考与反思，是有感而发。另外，我在这里要特别感谢宋涛教授与王时杰教授两位导师对我的教诲，没有他们悉心指导，我也许已经放弃了做学问，是不可能坚持走到今天的。

　　学术研究是一项创新性极强的工作，任何人的成功经验，都不能照样复制。正是基于此考虑，我把这本书的重点放在总结教训方面。在我看来，自己之前走不通的路，恐怕别人也会走不通。从这个角度看，读者不妨将本书视为前车之鉴，若对读者有些用处，则于愿足矣！

　　余言不说，是为序。

王东京

二〇二五年二月十日

于北京大有庄

目　录

三、文无定法

四、走出象牙塔

五、厚积薄发

六、他山之石

七、从教者说

读书智慧

读书是一门学问

　　"书到用时方恨少。"读中学时就总听老师这样说。对老师的教诲，我自然深信不疑。可那时候要应付高考，整天听课刷题，苦不堪言，没太多时间读课外书。上大学后，终于跳出苦海，我如饿狼扑食，一头扎进了图书馆，只要听人说哪本书好，我便会去读，甚至有时上课也不去听，一心只读"圣贤书"。

　　开卷有益，这话是真的。读大学时我听课虽不太用心，但由于海量阅读，考试成绩却不差，毕业时是全科"优"。说起来，我对付考试有一秘籍，那就是照考题所问，把从别的书上读到的观点一起写上去。一道题同学答200字，而我答500字。老师认为我知得多，有创见，便乐意给高分。其实我并无创见，只是照葫芦画瓢，把自己所知道的全写了上去。

　　到大一下学期，我忽然意识到，平时和同学闲聊我旁征博引，滔滔不绝；可讨论具体问题时，却毫无主见。印象深的是一次课堂研讨，老师提前让我们预习两位学者的争鸣文章，我反复读过后，感觉两文皆逻辑井然，无从判断对错。那天研讨老师让我先发言，我脱口而出：两位学者都对。老师问：你是说一加一等于二对，一加一等于三也对吗？同学大笑，我也苦笑。

下课后，我特地去请教老师：为何我自己分辨不出对错？老师说："虽然你读书很多，但却未建立起经济学坐标体系，当然没有分辨力。"我问：怎样才能建立坐标体系呢？老师说："读书是一门学问，得有选择地读，本科学习阶段重点是打基础，要多读经典著作，你就从亚当·斯密的《国富论》读起吧。"

闻所未闻，头一次听老师这样说。于是我抱着试试的心态，开始读经典。果不其然，读过《国富论》后，虽未达到甚解的程度，但对市场规律有了粗浅的认识，对学界的争论，也渐渐有了自己的判断。1980年初，我在母校学报发表的第一篇论文《谈谈"作业组"与"作业组专业化"》，便是当时读《国富论》所受到的启发。

这是40多年前的往事了。岁月如白驹过隙，一路走来，感觉读书的确是一门学问。我写这篇短文，就是想作为过来人，和年轻学子说说自己的读书经验，当然重点是谈怎样读学术方面的书。要说明的是，本人的经验不一定真的有用，也未必适合所有人。我姑妄言之，读者就姑妄听之吧。

人的生命是有限的，而学术著作却浩如烟海，所以，读书首先要选对书。有人说，无聊便读书。是的，当一个人百无聊赖时，读书可以找些乐趣，放松身心，不过那是读闲书。可读学术书不同，若不打起十二分精神，全神贯注，很难读进去。学术书不讲故事，是讲推理，稍不留神，便会一头雾水，不知东西。

学术书既然难读，当然就得有选择。我自己的法门，是直接读经典。每个学科都有经典，而真正称得上经典的并不多。比如经济学公认的三大经典，是亚当·斯密的《国富论》、马克思的《资本论》以及马歇尔的《经济学原理》。事实上，那些诺贝尔经济学奖得主的著作（论文），大多可从上面的经典中找到理论源头。

初读经典，通常有三大困难：一是不了解经典的时代背景。对作者提到的某些事例，不知来龙去脉，可能会成为阅读障碍。二是表述方式差异。众所周知，汉语是单音节字，句式结构相对简单，而西语乃多音节字，又多使用从句，一个句子往往很长，初读会不习惯。三是提不起兴趣。中学时代读的多是文学书，而学术经典却没有人物、情节，难免让人感觉枯燥。

克服以上难题，在我看来，关键是在"兴趣"。一个人的兴趣可能随时会变，但这也同时说明，兴趣是可以培养的。记得当初读《国富论》时，我毫无兴趣。后来教我们经济学说史的方教授提点我，说若能咬牙读到一半，就会入迷。后来我读到200页左右，渐渐习惯了作者的行文风格，而读到国际分工时，我醍醐灌顶，拍案叫绝。从此，对读经典便有了兴趣。

是的，兴趣可能与生俱来，也可以后天培养。如某人有语言天赋，对学外语乐此不疲；而有人并无语言天赋，但下足功夫后也会对外语产生兴趣。不过，就培养读经典的兴趣来说，我认为有一个窍门，那就是要先相信经典。不是说经典不能质疑，质疑应在读懂之后。不然边读边质疑，会索然寡味，容易半途而废。

另有一点重要。我的体会是，经典至少需读三遍：第一遍通读，遇到读不懂的地方，画上问号，不要停下来，也许读到后面，前面的有些问题就懂了；第二遍重点读，读你之前画问号的章节，若仍然读不懂，你再画一个问号；第三遍研讨式读，此时可以质疑，对画了双问号的内容，你可以和他人研讨，看是否是经典错了。

最后再说说精读与泛读。经典当然要精读，但若同时代的经典有多本，而你读书时间却不够，可以精读最具代表性的那一本，其他则泛读。顾名思义，泛读即快速地读，目的是弄清经典作家之间的分歧所在。我自己的经验：对其他经典，重点是读每个章节的头一段以及每段的头几句，然后一

目十行，往下扫。此法屡试不爽，而且读得越多，扫的速度
会越快。

　　古人说：文无定法。其实读书也无定法。此文只是我的
一己之见，写出来供读者参考吧。

年轻时要多背书

　　我读小学时背书在学校闻名。其实，那时候我背的书并不多，也就是每学期的语文课本。读三年级时，又背过一本《千家诗》。别看我背书不多，四年级开始学写作文，明显比同学写得快。有的同学抓耳挠腮也憋不出几行字，而我把背过的书中的句子加以组合，可以写得行云流水。

　　古人说"读书破万卷，下笔如有神"。我靠背一本《千家诗》，下笔也如有神（一笑）。尝到了甜头，便更加使劲地背书。读到中学，要写论说文，之前背的书不够用，老师指点我读毛主席的书。记得我读的第一本是《毛主席五篇哲学著作》，起初半懂不懂，于是我就硬背，背熟之后，不仅理解了基本观点，同时也学会了文章布局与点线结构。

　　就我而言，真正高强度背书，是在大学读本科时期。那时老师上课讲经典，考试也考经典。而且考试一律闭卷，不背书过不了关。我所就读的中南财经大学在武汉，冬天奇冷，夏天奇热，一年四季要背书，同学们苦不堪言。大一期末考试前，有位同学动议大家罢考，不少同学纷纷响应。不料，此消息不胫而走，引起了系主任杨怀让教授的高度重视。

一天下午，杨怀让教授亲自来与我们对话。他说：你们现在是学生，学生的天职就是读书。读本科重点是打基础，不背书哪来基本功？还说：系里并没有哪位老师逼你们死记硬背，如果能有理解地背，当然最好，但无论怎么背，都必须背。至于闭卷考试好不好，你们还没有发言权，等毕业十年后再评价吧。

杨主任语气坚定，没有半点回旋余地。胳膊拧不过大腿。那些原打算罢考的同学，一个个像泄了气的皮球，只好回教室继续背书。此事已过去40多年了，当年对话的场景还历历在目。于今想来，要是没有杨主任那次强势讲话，我恐怕也会参与罢考；要是母校不坚持闭卷考试，我肯定不会苦哈哈地背书。

毕业15周年时，同学相约返校，大家谈起当年的闭卷考试，无不心存感激。那位曾动议罢考的同学，毕业后在一所大学里任教，他说自己也要求学生背书，而且考试也闭卷。有同学打趣地问：如果学生罢考咋办？他得意地说：还真遇到过几次，我就用当时杨主任对我们讲的那番话回怼他们，结果屡试不爽。

　　另有一位同学，毕业后一直从政，官至副省级。退休后在报纸上写专栏，引经据典得心应手，仿佛随手拈来。中央党校有位教授读他的文章后大发感叹：一个政府官员怎会有那么多时间读书而且还能记得住呢？个中底细别人不知，而我很清楚，因为那是我们读本科时背过的经典，他用起来当然驾轻就熟。

　　说我自己的体会。背书一定要趁早。中小学背过的古文诗词，可以终生不忘；大学时期背过的经典，也可终生受益。有人说：一个人25岁前背书，效果要强过40岁后10倍。究竟强多少倍我不确定，但应该可信。我年轻时过目不忘，今天却已大不如前。今天背过的文章，过些日子可能忘得一干二净。

　　再一点体会，背经典不一定要懂。当初我背经典时，也并未完全读懂，是迫于考试压力，才死记硬背装进脑子里。人到中年后，阅历渐渐丰富，突然就开悟了。印象中，在人民大学读博士时，之前背过的经典似乎一觉醒来，写论文有如神助。毕业来中央党校任教，未报到就让我上课，来不及备课，我临阵磨枪，照经典的相关论述拟了一个提纲，结果好评如潮。

　　举这个例子，我的意思是说，一个人年轻时背经典，先不要管懂不懂，也不要管有什么用，你只管背，背了才算你自己的本领。人生漫长，指不定哪天就会派上用场。所谓书到用时方恨少，我认为有两层含义：一是要多读，博览群书；二是要记得住。若只读不记（背），脑子空空，一旦需要用时照样是黔驴技穷。

说到这里，我想起一件往事。30多年前，中央提出让一部分人先富起来，然后先富带后富，实现共同富裕。可过了不到两年，就有人批评民企老板与员工收入差距过大，认为改革失败了。究竟怎么回事？当时学校安排我做一个专题讲座，几乎是条件反射，我立即想到了费雪的《利息理论》，费雪指出：一个人无论有多少钱，消费了才是他的收入，未消费的便是他的投资。给我的启发是，衡量收入差距应从消费角度看，不能将消费与投资混为一谈。

是的，若将企业投资作为老板个人收入，的确会夸大收入差距，容易得出"均贫富"的结论。后来中央三令五申：共同富裕不是"均贫富"，非公经济财产权不可侵犯。要理解中央这一重要精神，必须科学衡量收入差距。而要科学衡量收入差距，就得从消费角度比较。如果当初不熟背《利息理论》，我自己是不可能想到这个角度的。

回头再说背书。我们一生中会读很多书，不可能也不必全背下来。在我看来，中小学时应多背古文与诗词，像《岳阳楼记》《滕王阁赋》《赤壁赋》等古文，至少要背20篇；唐诗、宋词各背50首；进入大学本科阶段后，则应多背学科经典。经典当然不是要一字不落地背，但核心论点与逻辑点线，必须背准确，而且某些重要章节得全文背。

　　磨刀不误砍柴工。有志于将来从事学术研究的年轻学子，不必过早地写论文（出成果），赶在自己记忆的黄金期，还是多背点书吧。这是衷心劝告，要是听我的，保准你日后不会后悔！

关于博览群书

　　一个人一生到底能读多少本书，我不清楚，也没见过这方面的数字。小时候看到某人被称赞"学富五车"时，便会肃然起敬。这大概是从小受家父的影响，父亲没进过学堂，目不识丁，但特别敬重文化人。50年前有一位从县里下来的驻村干部，开会讲话不念稿，父亲赞不绝口。他望子成龙，也希望我成为文化人。

　　要成为文化人，当然得多读书，可我读中小学时正值"文革"时期，除了课本没有多少书可读。像《青春之歌》《苦菜花》《林海雪原》等长篇小说，等我借来读时，连封皮都没了，所以那时候我读书，通常不知作者是谁，甚至书名也不知道。当时我最大的愿望，就是成为驻村干部那种"学富五车"的人。

　　读高中时，同学一起聊人生目标，有同学问我的目标是啥，我脱口而出："学富五车"。本来说的是目标，可这话后来被传走样了，传到班主任老师那里，就变成了：王东京自我标榜"学富五车"。很长一段时间，有同学私下戏称我"五车"，有时在路上遇到别班的同学，也会开玩笑问我："你现在学富几车了？"

真是跳进黄河洗不清。有一次上课，教我们历史的薛老师问大家：你们知道古人讲"学富五车"是读过多少书吗？同学冲我大笑。我以为薛老师要批评我，浑身冒汗。可他平静地说：古代没有纸张，文字需刻在竹简上，竹简一般长为25厘米，宽5厘米，厚1厘米，一车可装600个左右，五车就是3000个左右。

薛老师停了停，又接着说：如果要计算字数，一个竹简上可以刻40字左右，一车书可以刻2.5万字，五车书就是12.5万字。他拿起课本比画一下，说：比我们这本教材还要薄一些。听到这里，同学不再笑了，此时我才知道薛老师是特地在为我解围，于是我如释重负，抬起头向薛老师投去了感激的目光。

自此以后，我不再对"学富五车"五体投地了，而悄悄把"博览群书"升级为自己的目标。不过有前车之鉴，这目标从没给别人说起过。1979年上大学，第一次进图书馆，看见琳琅满目的藏书，我目瞪口呆。心想：天助我也，这下真的可以博览群书了。

也是乐极生悲。读大一我整天泡在图书馆"博览群书"，经常逃课，许多老师都不认识我，有一次单元考试，老师不让进教室。我拿出学生证后才放行，而那次考试，我差点挂科，后来老师批评我不务正业。我不服，说在图书馆读书怎么就不务正业了？老师说：你是经济系学生，在图书馆看小说算哪门子正业？

事后反思，觉得老师批评得在理。于是我改弦更张：不再逃课；图书馆还是照去，但不再读小说，而转读经济学著作。可这样一学期下来，自己却没读几本书。我暗自计算过，即便一天读一万字，一个月才能读一本，一年才能读12本，就算穷其一生，也只能读700本左右，一个人怎可能博览群书呢？

这一算，让我陷入了困惑，不仅怀疑自己设定的读书目标是否过高，也不相信别人能博览群书。教我们学说史的谷远峰教授，出生于书香世家，是我湖南同乡，大家皆说他博览群书。有一次我问他：您真的博览群书吗？谷老师笑笑说：别听人家瞎说，怎么可能呢？我不过是背了几本经济学经典著作而已。

因为是同乡，有个周末我去谷老师家请教怎样读书。谷老师似乎料定我会去，他拿出一张拟好的书单对我说：书永远读不完，你先读这几本经典吧。经济学经典并不多，你把这几本读透，其他的可以浏览。然后又问我：你知道博览群书是啥意思吗？我答：广泛阅读呗。谷老师解释：览指浏览，是泛读的意思。

经谷老师提点，我豁然开朗。是的，经济学经典的确不多，而值得下功夫细嚼慢咽的也就20来本，若把这些书读透，其他的皆大同小异，可以快速浏览。那天，我总算明白了博览群书的"览"是怎么一回事，自己也开始尝试浏览式阅读。

尝试过一段时间，我发觉自己读书速度虽快，但效果不好，脑子像过水坑，一片空白。有一次我和同学下企业调研，带队的是叶教授。他见我正在读托夫勒的《第三次浪潮》，晚饭时让我借给他读一下。第二天早餐时，他给我们讲"第三次浪潮"，侃侃而谈。我惊为天人，这本书我用了三天未读完，而他一晚上就读完了，而且前因后果，还能讲得头头是道。

后来我专门向叶教授讨教过，他告诉我，他那是泛读，不是一字一句读，是一目十行，有些地方甚至是整页扫读。我说：要是一目十行，我什么也记不住呀。叶教授说：泛读也有方法，是需要时间训练的，熟能生巧，等你读书多了，慢慢就晓得怎么读了。

训练几个月后，我果然摸到了一些门道。读大二时，差不多每周可读一本书，有时一天就可读一本。读者一定想问我有何门道，其实没啥大门道，但有点小技巧。我在这里写出来，与年轻学子分享一下。

　　我的阅读经验：当拿到一本书后，先读目录，看哪些章节（内容）是自己已经知道的，或在其他书里读到过；哪些章节（内容）是自己之前不知道的。有了大致的了解，阅读时对那些已经知道的章节，便快速地扫；对不知道的章节，则重点读每段的头两句以及章节的结论。这样一本书读下来，可掌握到八九不离十。

　　最后要多说一句，博览群书并非目的，读书的关键在读懂。也就是说，泛读要以精读为基础。如同盖房子，需先打地基，精读就是打地基，地基不牢，房子一刮风就会倒。读者要好好考量精读与泛读的关系。

向经典学什么

关于向经典学什么，多年来学界有个流行说法：学习作者的立场、观点、方法。从我读大学起，就听老师这样讲。但今天在我看来，这说法虽不算错，但也不全对。自己以研究经济学为职业，又在中央党校主讲经济学数十年，让我以经济学经典为例，说说我的看法。

先说学经典作家的立场。所谓立场，是指人们的利益站位，即代表谁说话。这样看，马恩经典作家的立场，无疑是站在工农大众这边，学习他们的立场当然没问题，我们不仅应该学，而且必须学。可问题是除了马恩经典著作外，还有许多其他的经典，这些经典我们要不要学？如果要学，是否也包括学习作者的立场呢？

这样提问，绝非吹毛求疵。举大家知道的例子。凯恩斯1936年出版的《就业、利息和货币通论》（《通论》），此书是宏观经济学的开山之作，无疑称得上经典。有人说，凯恩斯写此书是为当时西方国家统治阶级服务的，对此我不怀疑。可是《通论》不仅一度被西方国家奉为国策，而且在应对亚洲金融危机与美国金融危机时，我们中国也借鉴过。这怎么解释？看来，学经典未必要赞同作者的立场，只要提供的分析工具有用，也可以学。

再说"学观点"。学经典当然要学观点，但要指出的是，经典作家的观点都是根据当时的历史条件，并按一定的逻辑框架提炼或推导出来的，如果今天的条件仍与历史相若，经典的"观点"就得坚持；但若非如此，就得根据现实予以修正，不可照搬。近些年不断听人说，某部经典的某个观点错了。其实，如果你再去细读文本，并从作者的分析前提出发，依照经典的学术框架，会发现作者的推理并没有错。你之所以认为错，原因是经典当初设定的前提变了。

比如按劳分配原则，是马克思在《哥达纲领批判》中提出来的。可当前中国实行的并非单一的按劳分配，而是按生产要素贡献分配，这是否证明马克思的观点错了呢？当然不是。因为马克思的分析前提是生产资料全社会公有，而中国现阶段却是多种所有制并存。前提不同，推论当然不同。毛泽东曾提出反对教条主义，陈云也讲"不唯上、不唯书、只唯实"，我体会，他们绝不是反对学经典，而是强调要立足实际，不能固守经典中的某个观点而作茧自缚。

至于"学方法"，原则上我赞成，但需要分层次。一般地讲，方法有三个层面：一是哲学层面，即世界观。比如学马恩经典，重点要学唯物史观；而对其他经典中的唯心主义东西，就不能学；二是学理层面，即经典的分析角度与逻辑路径；三是技术层面，这主要是指分析手段，如经济学中的边际分析、均衡分析等。

以上说的是向经典学什么。而我是一名党校教师，这里想和党校系统教师说说经典应该怎样讲。

讨论此问题，我认为有两点要先明确：第一，党校学员不同于高校学生。学生以读书为天职，而党校学员主要职责是工作而非读书。第二，党校的学制短。高校讲一部经典通常会用上一学期，甚至一学年，学生有足够的时间读文本；而党校不同，讲一部经典通常只用两小时，学员也不可能通读文本。由此决定，在党校讲经典就不能按部就班地讲，那样既无必要，也不现实。

然而困难在于，讲经典必须贴近文本，不贴近文本，教师很容易把经典讲成概论；可要完全照文本讲，教学时间又不够。巧妇难为无米之炊，怎么办？思来想去，我认为唯一的办法就是抓重点，即既贴近文本，而又不面面俱到。

我曾在中央党校分管过多年教学。听过不少老师的课，而很多教师其实也是这么做的。现在的关键，是要研究怎样抓住经典的重点，结合自己的教学实践，有四个方面我认为重要，让我分点说：

首先，要交代经典著作针对的问题与背景。一部经典得以传承，不可能是无病呻吟，一定有明确的针对性。既如此，讲经典就得告诉学员作者针对的问题是什么，他为何要针对这个问题，当时的历史背景是怎样的。这并非故弄玄虚，而是为了集中学员注意力，让学员带着问题听。需提点的是，背景介绍不能泛泛而谈，要引人入胜。

其次，要讲清经典的核心观点与逻辑点线。党校授课时间有限，在课堂上只能讲核心观点。为把学员带入文本，教师一方面要依托经典的逻辑点线（推理路径）讲，同时，整个推理过程也应紧贴文本，要在关键处引"原文"，把推理过程变为导读过程，让学员不仅明白经典的"观点"从何而来，而且学到经典的分析框架。

再次，要联系实际、观照现实。学理论的目的在于应用，指导实践。若理论不管用，哪怕讲得天花乱坠也没人爱听，所以讲经典必须联系实际，要有时代感。不过，联系实际也不能强行对接，既可联系现实难题，也可联系学员认识上的误区，并为其释疑解惑。

最后一点，讲经典教师还得亮明自己的观点，特别对经典著作做评价不能讲套话，要重点指明经典著作分析的前提与今天的现实有何异同。时过境迁，哪些结论应该坚持，哪些结论应该发展、怎么发展。

要是把握了以上四条，经典就应该讲清楚了。当然，讲经典仅仅讲清楚并不够，还得辅之以恰当的讲课艺术，语言要尽量通俗，对过于抽象的理论，应借助现实生活中的具体例子作解释。总之，经典不仅要讲清，而且要讲活，唯有这样，经典课讲授才能满堂彩！

何为学术功底

　　学者无论是研究理论还是现实问题，都得有深厚的学术功底，能将理论、历史、现实三个维度结合好。不然，脱离历史与现实研究理论，理论没有针对性，往往是无的放矢；而离开理论与历史研究现实，又难免就事论事，分析不深不透，特别是我们教师给人授课，更需将三个维度有机结合，若顾此失彼，就算你口才了得，也会是美中不足。

　　之所以强调这三个维度，是因为在我看来，教师讲课的思想性要比"口才"重要。多年前我在中央党校经济学部分管教学时，杨春贵副校长就曾对我说过，教师讲课思想性是第一位的，口才在其次。对此，我也有同感。只要你有深入研究，哪怕有点口吃也无妨，学员也会叫好；若对问题无研究，即便你口吐莲花，学员也不会认可。

　　事实确也如此。有的教师讲课学员评价不高，大多不是因为他们口才差，也不在表达风格。记得20世纪90年代初，我就听过张绪文教授讲课，也听过陈雪薇教授讲课，论讲课风格，两位教授迥异，可学员既欢迎张绪文，又叫好陈雪薇。你知道为什么？说到底，学员看重的是讲课内容（研究的含金量），而非口才或风格。

言归正传，回头说"学术功底"。所谓学术功底，通俗地讲，就是"书底子"。不读大量的书，没有书垫底，就不可能有学术功力。在中央党校任教，毫无疑问，教师肯定都会读书。可问题是应该读哪些书？我自己的体会：最该读的是经典与历史。

为何要读经典与历史？众所周知，经典是前人浓缩了的智慧，经过数十年甚至数百年筛选而屹立不倒。这样，读了经典，我们就有了观察世界的参照坐标。读历史也如此。历史是一面镜子，懂得历史会让我们少走弯路。古人说，以史为鉴，可以知兴替。一个教师不懂历史，就好比行走在深山里找不见路，迟早会迷失方向。

由此见，一个学者的学术功底如何，其实就取决于他是否熟读了经典与历史。

也许有人问，为何一定要用经典与历史来构筑"学术功底"呢？读当代人的书不也很有用吗？我的回答是，当代人的书当然要读，但却不是构成"功底"的要素，读今天的论著，虽然可开阔视野，启发思考，但这类著作多是一家之言，日后有可能被推翻。

　　学术研究不同于工厂生产，其理论成果需要经过较长时间的实践验证才能分出高下。一个未经实践验证的理论，不可能具有权威性，而且也难以得到学界普遍认同。而经典与历史不同，经典经过反复验证颠扑不破，历史也已经固化，无论将来过去多少年，经典都不能改写，历史也不会改变，所以这才是我们做学问的功底。

　　是的，对党校教师来说，唯有读经典与历史，究天人之际，通古今之变，在讲台上才能举重若轻。设想一下，假若讲解某个现实问题，你既有经典理论指引，又有历史经验佐证，讲起来你是不是会很自信？腹有诗书气自华。书读得多了，你自信满满，若再加上必要的讲课技巧，深入浅出、娓娓道来，你的课一定满堂彩。

　　我留心观察过，有的教师讲课学员不爱听，其中一个重要原因，是既缺乏经典铺底，讲不透；又缺乏历史参照，讲不活。就好比盖房子，若无好的设计图纸，又无砖瓦灰石，怎能把房子盖漂亮呢？换句话说，如果教师理论上不占优势，与学员在同一平面上说事，你的课当然不可能博得掌声。

　　再说理论联系实际。上文讲到，教师上课要把握三个维度，而理论联系实际，就是要借助理论维度与历史维度来研究现实维度的问题。如果把理论维度作为纵坐标，历史维度作为横坐标，有了这两个坐标，就可大致确定现实维度的方位。要提点的是，不少人以为，理论联系实际就是要针对具体事件问题开药方，其实这看法是错的。

要知道，具体的事件日新月异，总在变化，比如去年房价大涨，今年房价又大跌，若上学期你给学员讲怎么打压房价，这学期又给学员讲如何救楼市，如此联系实际，你疲于奔命，学员也无所适从，到头来怕是费力不讨好，甚至授人笑柄。

那么怎样联系实际呢？我举个例子。比如用枪打鸟，鸟就是我们要联系的那个"实际"，经典就是枪与子弹，而历史经验，就是眼睛、准星、目标三点一线。现在我们有了枪和子弹（经典），瞄准方法（历史经验）也有了，可就是那个鸟（目标）不好把握，因为鸟是飞动的，活靶难打，怎么办？我想到的办法，就是等那个鸟停下来，只要它停住，我们就可在固定的位置打固定的目标。问题在于，鸟何时会停下来？会停在什么地方？懂点历史的人知道，鸟通常会在夜里归巢，这样，我们就直接打鸟巢好了。

当然，这只是一个比方。我想说的是，联系实际不必直接联系某件具体的事，而是要联系背后的政策与机制。政策与机制就是那个鸟巢，具体的事会不断变动，可政策与机制则相对稳定，只要抓住政策与机制，咬住青山，讲课的针对性照样有，而理论分析的命中率则可大大提高。

把理论联系实际定位为理论联系政策（机制），是我自己多年讲课的心得，管用不管用不敢保证，不过若有哪位教师正为联系实际犯难，这个办法倒是可以试试。

读闲书的用处

读闲书有用吗？这个问题很难回答，关键是怎样定义闲书。中小学时期，老师一般把与考试无关的书，皆视为闲书；读大学时，同学认为超出自己所学专业范围的书，属于闲书。可从写作者角度看，恐怕没有人认为自己写的书没用处，是闲书。

是的，看问题的角度不同，定义会不同。记得刚读初中时，有位同学家里有一本《水浒传》，他拿到学校去看，有一次上课，他偷偷在底下读，如痴如醉，结果被老师发现，老师批评他上课读闲书，不务正业。后来他父亲知道了，同样挨了一顿臭骂。

当时我很庆幸，家里除了一本《千家诗》，没有其他闲书，偶尔从同学那里借来小说，也是放学后回家看。那时候，我算是非常"务正业"的学生。我知道《三国演义》《西游记》里的故事，并不是从书上看的，而是夏天夜晚纳凉时听村里的陈大爷讲的，自己对文学的爱好，也是启蒙于那时候听故事。

上大学后，我一反常态，变得非常"不务正业"。图书馆藏书琳琅满目，我惊喜不已，很多书我都想读，有时为了读完一本书，甚至不惜逃课。受到老师批评后虽有所收敛，但只是不逃课，读书还是很杂，而且大多与专业无关。严格地讲，仍是"不务正业"。

于今回忆，那时我读的书大致有四类：

第一类，哲学经典。大学时期，我开始思考人生意义，那时候自己认为选错了专业，很迷茫，经哲学系一位同乡推荐，我读了亚里士多德的《论美德和邪恶》、柏拉图的《对话录》、孟德斯鸠的《论法的精神》、卢梭的《忏悔录》等，大受启发。

第二类，经济学经典。实话说，起初我对经济类书不感兴趣，是因为要考试，迫于无奈才不得不读。到了大二，我却迷上了经济学经典，从亚当·斯密的《国富论》，马克思的《资本论》，一直读到凯恩斯的《就业、利息和货币通论》，虽然没全读懂，但总归是入了门。

第三类，文学名著。文学是我年轻时的最爱，《三国演义》《水浒传》《西游记》是那时才读的，可惜《红楼梦》没读完，曹雪芹描述过细，我性子急，读三回便放弃了。外国文学名著也读过一些。如托尔斯泰的《战争与和平》、雨果的《九三年》、大仲马的《基督山伯爵》等。

第四类，综合类。如书法画画、艺术鉴赏、天文地理、中医养生等方面的书，我也爱读。特别是在书法理论方面，可以算得上"专家"，我虽写不出有水准的书法作品，但书法理论可以开讲座，从王羲之到王铎，能讲得头头是道，保证你听不出我是个外行（一笑）。

以上四类，若从专业角度看，除了第二类经济学经典，其他三类皆属闲书。可我自己却不这样看，哲学经典重塑了我的思维方式；文学经典润物无声，帮助我建立起关于善恶的价值标准；而综合类书，不仅提升我的审美情趣，而且也拓宽了知识面。

大约30年前，我曾读过一本"闲书"，是国内一位作者写的，作者的大名与书名我不记得了，但书中有一个观点，令我印象很深。作者说：判断一个人综合素质的高低，应从知识、文化、审美、信息、环境等五个维度分辨。对作者的这一观点，我高度认同；而且这也成为我后来"识人"的重要参照。

一个人断文识字、能写会算，就算有知识。而知识的多寡，可从他（她）接受教育的程度衡量。一般地讲，大学毕业生要比中学生掌握的知识多。换句话说，知识主要是从学校学得的，如中学的政治、语文、外语、数学、物理、化学等。到了大学，还有分学科的专业知识。我在大学读经济学，算拥有专业知识。

文化不同于知识。我们说某人有知识，但不等于他一定就有文化。文化是关于"是非对错"的认知，属于道德观。比如有人认为"恃强凌弱"是不对的，而有人则认为"胜王败寇"很合理，这就是人们文化（价值观）上的差异，而判定一个人是否有文化，要看他的"是非观"是否符合社会普遍的道德观。

审美是人们对美的感受能力。如果说文化是关于"是非"的判断，那审美则是关于"美丑"的判断。审美属于人类精神生活，在不同时期或不同环境，人们的审美观会有差异，也会改变。在中国唐代女子以胖为美，而今天却以瘦为美。再比如服饰设计，古代讲究"对称美"，而现在又流行"非对称美"。

至于信息与环境。前者是指分辨"信息"真假的能力。信息爆炸时代，各类信息不绝于耳，若分不出真假，难免会上当受骗。而环境是指入乡随俗、适应环境的能力。一个人若既能住高楼大厦，又能住茅草小屋；既能享大福，也能吃大苦，说明适应环境的能力强。

问题是怎样提升这五方面的素质呢？依我看：知识、文化、审美，需要多读书；而信息与环境，则需要生活历练。所谓吃一堑、长一智，是说你之前上当受过骗，有切肤之痛，以后你会少上当受骗；人生经过一些磨难后，也就能适应各种环境。

　　最后回答本文开头提出的问题。读闲书有用吗？当然有用，而且受用无穷。专业书是谋生所需的知识，必须读；而读哲学、文学以及其他非专业书也同等重要，并非不务正业。读者要是信我，你会领略到更多的人生精彩。

要读无字之书

我们的汉语很有意思，同一个词，放在不同场合，含义会天差地别。比如有人引荐自己朋友给你认识，若介绍他朋友是个书生，那是在褒朋友。言下之意，他朋友是个读书人，通情达理，为人忠厚。但若在议论某人职级是否应该晋升时，有人说他是书生，则是在贬他，指他是个书呆子，一根筋，没有执行力。

不知从何时起，"专家"一词有时也会带有贬义。我曾看到有网友批评某"专家"给人出馊主意说："年轻人找不到工作可先结婚生子""低收入者可将闲置住房出租"等。网友破口大骂，反问那位"专家"：一个人自己连工作都没有拿啥养孩子？低收入家庭住房本来就拥挤，哪来多余住房出租？

是的，现在国内有些"专家"确实像天外来客，不食人间烟火，读的书不少，对真实世界却一无所知，而且还高高在上，自以为是，正因如此，他们才信口开河，说出那些不着调的话来。也是坏事变好事，对我们专门从事学术研究的同行来说，无疑是一个提醒：学者不仅要读有字之书，也应读无字之书。

往前追溯，在我们党的历史上也出现过这样的"专家"。典型代表是王明。1937年，王明与共产国际代表从苏联来到延安。毛泽东、张闻天等中央领导同志在机场为他们举行欢迎仪式。毛泽东说：欢迎从昆仑山上下来的"神仙"，欢迎我们敬爱的国际朋友，欢迎从苏联回来的同志们。你们回到延安是一件大喜事，这就叫做"喜从天降"。

而王明却反客为主，说：我们应该欢迎的是毛泽东同志。在王明看来，自己熟读马列著作，是理论权威，毛泽东的理论不过是"山沟里的马列主义"，根本无法与他比。可后来事实证明，王明完全不懂国情，刚愎自用，结果给中国革命造成了灾难性损失，而毛泽东"山沟里的马列主义"，却能救中国。

反思我自己，年轻时也有照搬书本的习惯。20世纪90年代初，我赴浙江温州调研，当地民企发展风生水起，有的企业雇工达到了数百人。当时我心里就犯嘀咕：马克思在《资本论》中分析过，雇工超过8人就存在剥削，为何地方政府置之不管呢？后来和分管工业的副市长见面，我提出了自己的疑问。副市长快人快语：马克思分析的是工场手工业，不能照搬。

另有一件事，也曾让我受到震撼。2008年秋，我应邀参加一个民企座谈会，会上一位学者问员工代表：企业是否为他们提高了最低工资？那位员工代表说，美国金融危机，经济形势不好，企业哪有钱加工资？学者说：国家有明确要求呀。员工说：那也不能现在加，不然企业关了门，我们连饭碗都保不住，现在挺好的，你就不要帮倒忙了。

那位员工代表的话，让那位学者无言以对。散会后，他对我自我解嘲地说："今天这位员工给我这个大教授上了一课。"并感慨道：老百姓其实比我们这些人更聪明，看来做研究还真得从实际出发，不能唯书、唯上，要唯实。对此我深有同感，便竖起大拇指赞他：你也不蠢，至少还有自知之明呢！

转谈读无字之书吧。读无字之书，就是向实践学习，向有实践经验的人学习。而最重要的一点，是要放低身段，真心诚意拜人为师。毛主席有句至理名言：要做群众的先生，先做群众的学生。古人也讲："三人行，必有我师。"这是说，能否从别人那里学到东西，首先在于你是否有虚心求教的态度。要是你自命不凡，即便遇到了高人，也会坐失学习的良机。

向实践学习，还得尊重实践。何为尊重实践？简单讲，就是学者不能固执己见。说我自己的亲身经历。读研究生时，我读弗里德曼的《经济学与公共利益》，他提出政府与其花钱资助公立学校，不如将资金作为"教育券"发给学生，让学生自主择校，这样强化竞争，可改进公立学校的服务。可是此设想一直未被政府采纳，故我认定行不通。

2009年，《中国改革报》一位记者朋友告诉我，山东莱芜市进行住房改革，提出"补砖头不如补人头"。思路与"教育券"类似：政府不再补贴开发商建房，改为补贴低收入者自主买房。我听后死活不信。心想，人家美国做不成的事，你莱芜市凭啥做得成？后来我到莱芜市考察，耳闻目睹，原来是真的。

此外，读无字之书还需有方法。所谓锣鼓听声，听话听音，做调查研究，要听得懂对方讲话的真实意思。几年前，我下乡做田野调查，在县委书记主持的座谈会上，大家都反映搞规模经营农民有积极性，深得民心。可在回驻地的车上，一位驻村干部抱怨，说现在耕地流转太难了，他蹲点的那个村，是他自己掏钱请村民喝酒，村民才签合同的。我问：您刚才在会上不是说农民有积极性吗？他说：农民确实赞成规模经营，但他们希望入股，不愿将耕地经营权转给城里来的企业家。

通过这件事，让我意识到做实地调研需要讲方法，不要只听会上大家怎么说，也不要只听当地官员怎么说。要真正了解实情，得广开言路，要多听听各方当事人怎么说。我自己的经验：最好是做入户访谈，去与老百姓拉家常。你想，老百姓事先没人给准备稿子，也没有统一口径，他们往往会实话实说。

我说过，读书是一门学问，而读无字之书不仅是学问，而且是一门艺术。绝非故弄玄虚，请读者细品，看我说的是否在理。

学问之道

敢发问与会发问

做学问的法门，是边学边问，问即思考。孔子曾经讲：学而不思则罔，思而不学则殆。意思是说，一个人只读书而不思考，不求甚解，则会迷茫；若总思考而不读书，也会一无所获。孔子这样讲是要告诫我们：只有将读书和发问结合好，才能有大成。

不错，读书与发问都很重要，不可偏废。关于怎样读书我已写过多篇文章，不再重复，这里就重点说说怎样发问。也许有读者会说，不懂就问呗，发问有何难？发问当然不难，但要问出好角度或问出好问题，能启发思考，可不是一件容易的事。

在我看来，发问首先要敢问。事实上，每个人都有好奇心。年龄越小，好奇心越强。所以小时候我们总有问不完的问题。随着年龄增长，好奇心减退，自尊心增强，慢慢就不敢问了。记得读小学时我总在课堂上发问，以致老师要求我先举手，他允许后才能问。读到中学，我却不爱发问了，读者知道为什么吗？

是这样的。读中学时我考试成绩名列前茅，虚荣心作祟，便不愿在课堂上提问了。有一次老师上数学课我听不懂。心里想，我听不懂，别人也应该听不懂，让别人问吧。结果始终没人问，回家后都不会做作业。第二天老师批评：你们上课没听懂为何不问？有同学说：我们以前问王东京，可他昨天也没听懂。老师把目光转向我，我说每次都是我问，好像我最蠢似的。

这是我当时的心态，而别的同学不敢问，是担心自己提问简单，遭人耻笑。而上大学后不久，我发现那些平时爱提问的同学，不仅考试成绩好，而且特别会思考，于是我也学着提问。奇怪的是，那时候每次我提问，老师都赞我提问的角度好，让我很有成就感，甚至有同学私下向我讨教提问的妙招。

其实我没啥妙招，只是"三不问"。一是历史事实不问。历史事实有文献记载，自己看书便知道。比如米塞斯与哈耶克是何关系？这类问题无需问。二是单称判断不问。如长沙是不是河南省会，亚当·斯密是不是美国人等。若你问为什么，那是蠢。三是仅有唯一答案的问题不问。既然只有唯一答案，提问无疑是多此一举。

何为只有唯一答案的问题？举个例子解释。读研究生时，学校聘请一位美国教授做讲座，有半小时互动交流时间。有位同学英语好，他提问讲了5分钟，前4分半钟都是复述那位教授的观点，最后半分钟他才问：中美经贸合作是否对两国都有利？这明显只有唯一答案。教授答："Yes, of course。"引得众人哄堂大笑。

除了以上"三不问"，其他我认为都可以问。要特别提点的是，在向别人发问前，应该首先自问。如果说在求学阶段更多是问老师或同学，而在独立从事研究工作后，则主要应问自己。自问的过程，就是研究不断走向深入的过程。据我所知，许多经济学难题，都是经济学家通过"自问"取得突破的。

再有一点，提问不必顾及深浅。罗纳德·科斯当年写那篇著名的《企业的性质》，就是从浅处问的。20世纪30年代，国际学界就计划与市场问题展开论战。科斯说：企业内部是计划；企业外部是市场。他问：若市场万能，地球上为何存在企业？若计划万能，企业为何不扩张成国家？经此一问，答案石破天惊：计划与市场皆是资源配置方式（手段），两者的边界取决于交易费用。

由此见，深问题可以从浅处问，而且也不必管问题简单还是复杂。牛顿说过：把简单的问题复杂化，可以发现新领域；把复杂的问题简单化，可以发现新定律。这是说，对简单的问题，可从复杂层面问；而对复杂的问题，则可从简单的角度问。在经济学里，国际分工是一个相对复杂的问题，亚当·斯密研究发现，若两国按各自的绝对优势分工，便可扬长避短。

后来大卫·李嘉图又从简单的角度追问：一个穷国相对一个富国可能没有任何绝对优势，那么在这种情况下，两国之间是否也应该分工呢？最后他研究得出的结论是：仍然应该分工，不过是要按各自的比较优势分工。设想一下，要是李嘉图当年不这样问，经济学的国际贸易理论是否会存在一个重大缺陷？

事实上，提问还有一个窍门，即对不成问题的问题发问。在日常生活中，有些现象人们已司空见惯，见怪不怪，可背后却可能隐含重要的理论原理。读大学本科时，胡逢吉教授曾指点过我，可惜我没学到家，而胡教授自己的确是发问的高手。我读过他很多文章，每篇文章的发问角度，皆让我拍案叫绝！

记得他写过一篇关于"劳资关系"的文章，当时学界流行的看法是，只能资本雇佣劳动。可他问：劳动是否也可以雇佣资本呢？如果可以，那么需要的前提条件是什么？那篇文章曾引起热议，时隔20多年后，中央提出"按生产要素贡献分配"。说实话，胡老师的文章对我理解中央的论断大有裨益。

写到这里，再顺便说一下发问方式。在公众场合发问，语言要尽量简短些，切不可像我那位同学一样，前面长时间穿靴戴帽，最后问一个无需回答的问题，那样别人会认为你在秀口才。可取的问法，是用三言两语直抵问题的核心，让人一听就知道你要问什么，这样问，别人反而觉得你思维清晰，高看你一眼。

　　并非说笑，不信你可以试试。

借助例子推理

　　我读大学时曾一度对哲学感兴趣，常去听哲学系举办的讲座。有一次一位教授讲哲学三大终极追问："我是谁、从哪里来、到哪里去。"我听得云里雾里。后来我读黑格尔的《小逻辑》，也基本看不懂。我这才意识到，自己不适合研究哲学。

　　是的，研究哲学需要有很强的抽象思维能力，而我在这方面却天生不足。读小学时看的书是《地道战》《地雷战》之类的连环画；大一时读的《三国演义》《水浒传》等，这些书皆描写故事，可哲学书没有人物，也没有场景，阅读时脑子里一片空白。

　　我有位研究哲学的朋友，彼此交往数十年，可他从不跟我谈论哲学话题。20多年前我曾问过他：哲学真有那么高深莫测吗？他说：哲学并不高深，而你脑袋只是普通人的脑袋，与你谈哲学，无异于鸡同鸭讲，讲不明白的，你就研究经济学吧。

朋友说的是实话，其实我也知道自己的脑袋很普通。可研究经济学也得动脑筋，需懂得科学的推理方法。于是我重读经典，重点关注历史上那些大经济学家的思考方法。两年读下来，捡到宝，我发现经济学家大多是借助例子进行推理的。

比如亚当·斯密在1776年出版的《国富论》中，开篇讲分工，为论证分工能提高效率，他借助工厂制针的例子做分析；而在分析国际分工时，他又借助英国与葡萄牙生产毛呢与葡萄酒的例子，推出了"按绝对成本优势分工"理论。有趣的是，后来李嘉图也借助上面的例子，推出了"按比较成本优势分工"原理。

1848年，穆勒在《政治经济学原理》一书中分析公共品，他用灯塔做例子推出公共品有两大特点：一是消费不排他，二是公共品消费增加而成本不会增加。由此得出结论："虽然海中船只都能从灯塔的指引中获益，但要向他们收费却办不到。除非政府强制收税，否则灯塔会因无利可图而无人建造。"

科斯1960年发表的《社会成本问题》，也是用大量例子讨论怎样界定产权将社会成本内化为私人成本。其中一个例子，是养牛与种小麦。让牛吃小麦，会伤害小麦；不让牛吃小麦，会伤害牛。科斯分析说，假定牛与小麦同属一个人，两者不会有冲突，产权如何界定不重要；若牛与小麦分属两个人，则会因为冲突而产生交易成本，此时产权界定应以交易成本为依归。

不必再举例。我之所以推崇上面的方法，是因为用例子确实有助于推理。我们知道，今天经济学者大多习惯使用各种曲线（图）做分析，曲线虽不是例子，其实也是为了将抽象的理论具象化，方便推理。但两相比较，我认为借助例子比用曲线更可取，曲线仍是抽象之物，而例子却是来自真实世界。

的确，借助例子推理不仅直观，而且有场景感，只要把自己假定为当事人摆进去，推理一般不会错得离谱，即便是出错，也容易被人看出而及时纠正。更重要的是，借助例子推理这种方法，我们普通人也能学得会，要是反复练习，假以时日便可成为推理高手。

不过在这里我也要告诉读者，借助例子推理，并非一件手到擒来的事。困难在于，要寻找到贴切的例子。怎样寻找例子呢？当然是要靠自己观察与思考，也可以从前人的经典著作中寻找。前面说过，李嘉图拓展斯密的国际分工理论，他用的就是斯密的例子，只不过根据需要将斯密的例子做了改造。

关于怎样寻找（设计）例子，总结经典作家的经验，我认为有三个原则：

　　首先最重要的是，例子必须具有真实性。我讲的真实性，不是说一定要用你自己目睹或经历过的事，而是要有可信性。若不具有可信性，在真实世界不存在或根本就不可能发生，你的例子就失去了说服力。我不知道科斯当年是否实地访问过养牛与种小麦的农户，但他那个例子却让人觉得真实可信。

　　其次，对真实的例子要加以简化。例子要有真实性，但真事不能照搬，要删除一些细枝末节，将需要用的关键要素保留即可。不然，不仅你自己眼花缭乱，读者也会迷失在繁杂的例子里。我曾读过一些借助例子做推理的文章，由于作者不懂得简化，如一堆乱麻让人理不清头绪，实在读不下去。

　　读者要记住，借助例子推理，重点是推理，而不是例子本身，不必介绍例子的来龙去脉与具体背景。比如你建议朋友多吃鸡蛋，大可不必介绍母鸡下蛋的整个过程，直接说吃鸡蛋有哪些营养就好了。母鸡下蛋的过程，与要不要吃鸡蛋毫无关系。

　　还有一点，例子最好能有趣。在已有的经济学著述中，有趣的例子不少。1958年，伦纳德·里德写过一篇《我，铅笔的故事》，他用拟人化手法，讲一根原木如何变成一支铅笔，读来引人入胜。著名经济学家弗里德曼评价说："没有人像伦纳德·里德这样把市场机制写得如此通透有趣，该文无疑是一篇经典之作。"

　　说来容易做到难。上面的三个原则，是我从大量经典著作中归纳提炼的，并不一定对，更不代表我自己就做得好。不过研读经济学数十年，我一直在朝这个方向努力，也做过不少尝试。告诉读者一个秘密：我自己研究某个问题，通常会先找到一个可用的例子，然后一步步做推理，若找不到例子，我不会动笔写文章。

大胆假设与想象力

科学研究的目的，是寻找规律。规律乃客观存在，只能发现，不能发明。技术（成果）可以发明，也可以创新，但规律却不能创新，更不能违背。任何一条规律，无论我们是否已经发现，它都在起作用。若违背了规律，就得付出相应的代价。

由此多想一层。科学研究发现规律，目的是认识世界、解释世界，以便人们利用规律趋利避害。问题是怎样发现规律呢？事实上，发现规律是科学家不断试错的过程，有人天赋高，运气好，也许一下子就发现了规律；而有人穷其一生，也可能发现不了规律。

据说当年牛顿看见苹果落地，受到启发，便发现了"万有引力定律"。不知是真是假，但牛顿无疑是一个天赋和运气都极好的人，我们普通人比不了。我小时候反复想过，若让自己生活在苹果园天天看苹果落地，能发现万有引力定律吗？答案是"不能"。

奇怪的是，我天赋不高，却偏偏对研究经济学感兴趣，而且还以此为职业，可我这种天赋平平的人是否也能有所作为呢？勤能补拙，我相信只要下足功夫，应该有机会。当然，也还得看运气。这可不是迷信，科学发现有时真要靠机缘巧合。

亚历山大·贝尔在一次试验中，不小心将发射机一块有弹性的金属搭在了电磁铁上，而这个意外事故，却启发贝尔发明了电话。珀西·斯宾塞在做电磁测试实验时，发现口袋中的巧克力棒居然融化了，于是他发明了微波炉。请问这不是运气是什么？

回到前面的话题：怎样发现规律？哲学家讲：存在即合理。这里的"理"，其实就是规律，意思是说，任何客观存在皆符合规律。假若你见到某个奇异现象，觉得此现象不合常理，那是你未看到现象背后的规律，一旦认识到了规律，你不会认为不合理。

以烧开水为例，在北京，水要烧到100摄氏度才能烧开，而在青藏高原，有时水烧到70摄氏度就会沸腾。怎样解释这现象？显然，需要寻找水的沸点规律。首先要做的，是提出各种假设，然后再逐一用实验验证。若某个假设没有被推翻，水的沸点规律就算发现了。

比如，我们观察到青藏高原水的沸点比北京低，不妨先假设，水的沸点决定于海拔，两者反向变化。于是有人在飞机上做实验，当飞机飞到万米高空，水的沸点仍是100摄氏度，那么假设就被推翻了。后来人们又提出新的假设，反复实验，最后发现是与气压有关，在标准气压下，水的沸点是100摄氏度。

再举一个例子。众所周知，市场竞争的结果，是优胜劣汰。可市场上有时会出现反常现象，即劣胜优汰，也称"逆选择"。比如二手车市场，车的质量参差不齐，而那些质量差的车往往先卖出，质量好的车反而压库。对此现象，经济学者提出的假设，是信息不对称，卖家才能将质量差的车先卖出。

10多年前，我发现这个假设不对。俗语说，卖家总比买家精，市场上买卖双方信息都是不对称的，可为何只有少数商品出现"逆选择"呢？于是我提出一个新的假设，价格锁定。车的质量不同，若车价被锁定（只能按均价出售），卖家才会先卖出质量差的车。要是按质论价，绝不会存在"逆选择"的情况。

胡适先生有句名言："大胆假设，小心求证。"是的，科学研究确实需要大胆假设。所谓大胆假设，就是要开动脑筋，尽量把各种可能性考虑进来。换句话说，提出假设时，不必拘泥自己之前的经验，也不必在意其他名家已有的定论，你可以天马行空，甚至可以去"猜"，然后从中去粗取精，去伪存真。

我自己的体会：提假设有些时候其实就是"猜"。而是否能猜中，一要看运气，二要看想象力。大量事实证明，想象力是做科学研究的必备能力。有的人记忆力好，过目不忘，那是天赋；有的人记忆力一般，但想象力丰富也是一种特殊能力。要知道，爱迪生发明电灯泡靠的可不是记忆力，而是独特的想象力。

想象力不同于记忆力，可以后天培养。应该说，青少年时期是培养想象力的最好时期，而最佳方式是玩耍。瑞士心理学家皮亚杰说："玩耍有助于孩子的认知发展"；耶鲁大学辛格教授还出版过一本《想象之屋：儿童的玩耍与想象力》；加州大学高普尼克教授研究发现，孩子玩耍的方式，与科学家做研究的思维非常相似。

在这里，我忍不住要发几句牢骚：不知搞什么鬼，如今中小学生课业负担如此之重。上头三令五申，要为中小学生减负，可孩子们还是点灯熬油，总有写不完的作业。学校老师和家长要明白，不给孩子们足够的时间玩耍，会扼杀他们的想象力和创造力。高分低能，应该不是学校和家长所希望的吧！

发挥想象力大胆假设，当然也不能漫无目标，否则验证起来会耗费你大量时间和精力，所以提出假设也要尽量注意假设与你所研究现象之间的逻辑关联度，也就是因果关系。

切不可将"相关关系"等同于"因果联系",关于如何区分相关关系与因果关系?我会另写文章说,容我这里先卖个关子。

最后我要再强调一遍:科学研究发现规律是一个不断试错的过程,关键是要大胆提出创新性假设;而提出创新性假设,又需要有丰富的想象力。读者现在应该懂得我的意思了吧。

预测与推断

　　人们希望提前预知未来，这样就能逢凶化吉，所以旧中国卜卦算命是一种职业，有人还设馆授徒。新中国成立后，这行业逐步衰落，但并未销声匿迹，今天在车站、码头仍可见到这样的人。28年前，我也让人看过相。那天在首都机场，坐在我身边的一个中年男子小声对我说：你面相大富大贵，但近期有一"劫"，要破财。

　　我不信他，正欲走开，可转念一想，我买"深天地"（股票）已连跌三天，难道被他算准了？于是我问他有何破解办法？他说付100元便可替我消灾。我给了他100元，报上生辰八字，他嘴里自言自语一番，然后说：你的"劫"已经解了，放心吧。我信他的话，股票没抛，结果"深天地"又连续四个跌停。

　　自此之后，我不再信算命，甚至对经济学者搞预测也特别警惕，不会轻易信。在我看来，未来并非完全不可预知，但不能像算命那样看"生辰八字",而应运用逻辑推断。我的理由很简单,比如仅在我们中国,生辰八字相同(同年同月同日同时出生)的人,恐怕成千上万,大家怎可能是同一个命运呢?

算命看风水之类的事,我不懂,不便多说。但自己研究经济学数十年,应该算懂经济。下面就经济预测与推断说说我的看法。先声明一下,此文对事不对人,读者朋友切莫对号入座。

20世纪70年代以来,经济预测在欧美悄然兴起,今天已蔚然成风。许多学者根据历史面板数据,用"数学模型"对人们未来的行为作预测。我不反对经济分析用模型,但我认为不宜根据历史面板数据作总体预测。

经济学说,人们的行为是在成本约束下追求最大化效用。这样看,用历史数据作总体预测有两大问题:一是历史经验可以借鉴,但历史不会简单重复;二是个体之间效用无法加总。效用是主观感受,对同一物品,不同人的效用估值不同。你不吃辣椒,我嗜辣如命,我对辣椒的效用估值很高,而你估值可能是负数。

效用不能加总,也就不能用来做总体预测。有学者说,将不同个体对效用的估值加总,不就得到了总体效用吗?奥地利经济学家米塞斯在1920年发表文章专门批评过这种观点,明确指出人际的效用估值是不能加总的,而且也不能做横向比较。

举个例子解释。张三、李四对酒的效用估值分别是7和3，加起来等于10。而对大米的效用估值分别为5和4，加起来等于9，我们能说酒就比大米更重要吗？显然不能。正因为人际的效用估值不能加总做比较，也就决定了研究人多的行为需从个体出发，否则直接研究总体，没有微观基础，得出的结论会差之毫厘，失之千里。

今天不少经济学者迷信大样本，殊不知样本数量越大，数据就越有可能失真。事实上，很多人的偏好变化不定，甚至他自己也不知道到底偏好什么，而且即便自己知道，也未必愿意将真实估值告诉他人。这样将数据加总起来，真实性自然不高。

往深处想，人们出于趋利避害的本性，数据还有可能造假。有的官员为了显示自己的政绩，往往夸大产值与利税数据。而当税务部门在调查统计时，企业为了少缴税，往往将数据缩小。再比如统计贫困人口，若上级部门统计是为了发放扶贫补贴，数据会偏多；若是为了考察当地脱贫工作的成效，数据会偏少。

另外，从推断角度讲，推理人的行为，不仅要求"假设条件"可观察，推论也要有被事实证伪的可能性，可能被推翻而未推翻，推论才算成立。若假设条件不是事实，便不存在被推翻的可能。这样别人不能证明你错，你也不能证明你对。而汇总的大样本数据并非事实，要推出对的结论，只能靠"撞大运"。

我不赞成用大样本数据预测总体，还有一个原因，那就是当效用不能用基数表示时，只能用序数表示。基数效用，是指可用货币单位表示的效用，如1元、2元、3元、4元、5元；序数效用，则是指按偏好次序排列的效用，如第一、第二、第三、第四、第五。同一人的基数效用，可以相加为总效用，而序数效用却不能加总，因为我们不知道第一与第三相加等于第几，也不知道排在第一比排在第四的效用大多少倍。

于是问题来了，当"效用"用序数表示时，我们可以根据某行为主体的偏好排序，推断出他会做何种选择。但如果把一群人放在一起，由于序数不能相加，无法对人们的总体偏好排序。而总体偏好不能排序，也就无法对总体选择做出推断。可见，经济学者对未来做推断，也不能直接用大样本数据。

写到这里，我来说说预测与推断究竟有何不同。简单讲，预测是用某事件的历史数据，预估未来同类事件发生的概率。类似于看风水，如某地曾出过多位明星，风水好，故预判未来出明星的概率还会高。而推断是根据特定假设，用因果逻辑推定某事件发生的必然性。比如假设在市场经济下，可推断商品供不应求价格一定上涨。

在逻辑学层面看，预测用的是归纳法，推断用的则是演绎法。这里要特别提醒的是，归纳法也是提炼事物共性（规律）的方法，只是不适合用于总体预测。比如，"恩格尔系数"就是由德国学者恩格尔用归纳法提炼出的，不过他是从个体推断总体，也非作预测。

读者赞同我上面说的吗？

自圆其说是自我安慰

读大学时开始练习写学术论文，老师给我们的指点是，写论文要能自圆其说。何为自圆其说？老师解释：就是自己提出核心论点后，要论证充分，逻辑上不能自相矛盾。你提出的观点，只有先让你自己相信是对的，才可能让别人相信是对的。

老师这样讲，我心领神会，觉得自己有这方面的经验，至少算"半个专家"。小时候我很顽皮，时常在外闯祸，回家总挨母亲打。有一次，父亲给我买了新钢笔，我给同学嘚瑟，过桥时不小心钢笔掉进了河水里。大事不妙，心想又会挨打。同学见我书包上有个破洞，出主意：你把那个洞撕大点，说笔是自己掉了，你妈不会打你。

那天回家后，我照同学说的告诉母亲，母亲觉得我能自圆其说，信了我，果然免了一顿打（一笑）。现在听老师说写论文需自圆其说，我窃喜，觉得自己肯定能做好。事实上，曾经很长一段时间，我都把"自圆其说"作为写论文的座右铭。

不幸的是，从人民大学毕业来中央党校任教后，很快便发现不对头。之前我认为自己写的论文，皆逻辑自洽，可一位来自家乡的学员读过后，说我的论文是做文字游戏。我说：你不觉得能自圆其说吗？他笑怼：你是能自圆其说，但那是你们学者自娱自乐，对解决实际问题毫无用处。

这位学员的话如五雷轰顶，让我意识到，之前我所推崇的"自圆其说"，原来是掩耳盗铃，自我安慰。是的，经济学作为一门经世致用的学问，若不能解决实际问题，撰写的论文无疑就是一堆废纸。自此以后，我不再将自己的论文和著作送人，当时有朋友开玩笑，说我小气，其实不是小气，是缺底气。

于今回想，到中央党校后的最初两年，与学员朝夕相处，让我改变了很多，可说是脱胎换骨。后来我指导博士生，也不再讲写论文要"自圆其说"之类的话。记得有一次，一位博士生将学位论文提纲送给我，该文是分析怎样解决农民融资难问题。我读过提纲，仿佛看到自己当年的影子，纯属纸上谈兵。

那位博士生的观点是，农民贷款难，是因为他们没有资产作抵押，若将农民组织起来，人多力量大，贷款难问题可迎刃而解。我问他：农民既然没有资产抵押，组织起来也照样没有抵押呀？他说：如果加一个限制条件，假定农民有资产，可自圆其说。我说：如果农民有资产，你写这篇论文岂不是多此一举？

是的，这正是我当年常用的套路，当发现自己观点站不住时，就加限制条件补救。不管所加条件是否真实存在，也不管现实中是否可行，只要能挽救自己的观点，其他统统不管。今天有些学者仍然乐此不疲，应该是受了"自圆其说"的误导。

说我现在的看法，做学术研究，绝不能仅满足于"自圆其说"。一个真正的学者，要懂得知错认错，并且及时纠错。明知自己观点错了还心存侥幸，试图通过增加约束条件来补救，并非明智的做法。结果，只会让你的研究南辕北辙，离真理越来越远。

历史上有过这样的教训，让我举两个例子：

20世纪30年代，学界形成了"计划派"与"市场派"两大阵营，计划派认为，国民经济可通过"计划"按比例发展。市场派质疑：一个国家存在国企与私企，怎样让私企遵从国家计划？对此，计划派提出假设：实行单一公有制。而市场派追问：市场瞬息万变，政府如何做计划？于是计划派增加假设：如果有先进的计算机，可以模拟市场。后来公共选择学派半路杀出，问：计划官员大权在握，怎样避免他们寻租？计划派再次增加假设：选择道德高尚的人负责政府计划。

读者想想，上面三个假设，哪一个是靠谱的？到1991年底，地球上第一个计划经济国家（苏联）解体，这场论战才画上了句号。

另一个例子，是美国反垄断。100多年前，美国颁布了第一部反垄断法——《谢尔曼法》，矛头直指大企业。而熊彼特等一众经济学家公开批评说，大企业是拨动创新琴弦的乐师，人们有何理由反对大企业呢？迫于舆论压力，美国司法部作出限定：只反对具有市场支配地位的大企业。可此限定很快又遭到非议。有人问：有市场支配地位就一定是欺行霸市吗？

后来，司法部门又多加了一条限定：反对那些为牟取暴利而操纵价格的大企业。限定虽越来越多，却仍然于事无补。今天我们看到了，自20世纪末以来，美国已经不再反大，相反却在鼓励企业做大（合并）。这说明他们当初反大，本身就是错的。

我举上面的例子，是要告诉读者，科学研究的任务是求真，而非自圆其说。在某种意义上讲，自圆其说其实也是在自欺欺人。一个理论推断是否成立，最终需接受实践验证。若经不住实践验证，无论你添加多少个假设，也不论你是否自圆其说，错的理论永远都不可能对。这一点，请读者务必牢记。

　　还有一点，理论命题的假设条件越多，被事实推翻的可能性会越大。科学验证是证伪，只要其中一个假设被推翻，则整个命题不成立。而且假设条件越多，其解释力就越弱。说得极端点，若某个推论需100个假设条件才成立，那么此推论的解释力几乎为零，因为真实世界很难同时满足那么多假设条件。

理论提炼与验证

　　经济学作为一门科学，已探索出一套提炼理论与验证理论的方法。不过在我看来，经济学的研究方法来自哲学。经济学研究基础理论，其实是用哲学逻辑寻找并发现规律。《资本论》是一部经济学著作，马克思用的就是"从具体到抽象，再从抽象到具体"的方法。事实上，大多数杰出的经济学家同时也是哲学家。

　　下面，我来说说自己对经济学理论提炼与理论验证方法的理解：

　　先说提炼经济理论的方法。何为经济理论？简单地讲，经济理论是对经济规律的表述，如大家熟知的"需求定律""供求原理"等皆为经济理论。我们为何需要经济理论呢？因为事实不能用事实解释，解释事实（认识实践）需要理论。一旦有了科学的理论，也就掌握了规律，掌握了规律便能指导实践。

　　那么怎样提炼经济学理论呢？经济学提炼理论的方法，不外有两种：一种是归纳法；另一种是演绎法。所谓归纳法，是指从经济活动中寻找人类行为共性的方法，因为共性即为规律。

　　举个例子，德国学者恩格尔曾通过观察大量统计数据发现了一个带规律性的事实：收入低的家庭，食品支出在收入中的占比相对高；而收入高的家庭，食品支出的占比却相对低。这个发现后来通过事实验证一直未被推翻，于是学界将其定名为"恩格尔定律"。

　　由此见，归纳法具有三个特点：第一，归纳的依据必须是可以观察的事实，而且观察到的样本越多，所得判断被推翻的可能性越小；第二，归纳所得出的判断是对某类事实共性特征的描述，如"高收入决定高消费""中等收入陷阱"等，此类判断一般是全称判断；第三，归纳形成的理论是定律（经验性事实）而非定理，如需求定律、恩格尔定律、奥肯定律等。

　　第二种是演绎法。演绎法不同于归纳法。从推理的过程看，演绎法是先提出假设，然后根据假设作逻辑推断；从推出的判断看，演绎推出的是假言判断（有逻辑前提的判断），也称"定理"。由此决定，演绎推理的重点也不是描述事实，而是解释事实。

　　比如前面提到的"恩格尔定律"是描述事实；而科斯

定理则是解释事实。科斯定理说："若交易成本为零，产权界定清晰，产权无论界定给谁，市场皆能达到高效率。"显然，其中"交易成本为零"与"产权界定清晰"是假设，而"达到高效率"是推断。

想深一层，用演绎推理解释事实，其实就是寻找并指出事实存在的约束条件。黑格尔有句名言："存在即合理"，意思是任何存在都有其存在的理由。比如前些年国内房价高企，很多人认为不合理。可按黑格尔的观点，房价高必有房价高的道理。你认为不合理，是因为你不知道高房价存在的约束条件。假若我们不喜欢高房价，就应该找到高房价的约束条件，并去改变它。若约束条件不改变，高房价就一定会继续存在。

以上说的是提炼理论的方法，下面再说怎样验证理论。由于归纳法不同于演绎法，对两种推断作验证也需用不同的方法。说过了，用归纳法提炼理论的依据是事实，证明某理论成立的方法是举证大量的事实。而验证理论相反，验证理论也用事实，但验证的目的不是证实，而是证伪，证伪无需大量举证事实，只要举出一个反例，理论就被推翻；若举不出反例，理论才算成立。

凯恩斯曾提出一个理论："边际消费倾向递减规律"，说随着人们收入增长，消费也会增长，但消费增长赶不上收入增长，导致消费率不断递减，储蓄率不断上升。在凯恩斯所处的时代，这现象确实是事实，但我们今天所观察到的事实是，美国的居民储蓄率自20世纪70年代以来不升反降。仅此一例，足以证明消费倾向递减并非规律，至少不是永恒规律。

验证演绎推理要复杂些。演绎推理是假言判断，对假言判断作验证有三个重点：一是看"假设"是不是事实，若不是可观察的事实，其推论将无法验证；二是看推理的结论是不是事实，若结论不是可观察的事实，其推断也无法验证。这样说吧，只要假设与推断有一方不是事实，理论皆不可能被推翻。而不可能用事实证明错的理论，同样也不可能用事实证明对。

若假设是事实，推断的结论也是事实，那么验证理论的第三个重点，是看假设与推断是否存在内在的因果关系。要注意，相关关系不等于因果关系。比如你家门前的树长高是事实，你家的孩子长高也是事实，两者间有相关性，但并不存在内在的因果关系。

胡适先生说："大胆假设，小心求证。"大胆假设，是指从具体到抽象的研究，通过分析事实存在的各种可能性（原因），从而提出一种理论假说；小心求证，则是从抽象到具体予以验证，即看能否找一个反例（事实），将假说推翻。

世上没有绝对真理。理论通过事实检验而未被推翻，就算暂时成立。而这里我要特别指出的是，用归纳法提炼的经济理论，皆要受时空条件的约束，时空条件一旦改变，理论往往会失灵。用演绎法推出的理论，也要不断接受实践检验，对未经证实的西方经济学理论，我们切不可迷信，应该立足中国国情，坚持与时俱进。所谓理论之树常青，讲的应该就是这个意思。

守住参谋定位

我当年选择到中央党校教书，是因为相信拿破仑讲过的一句话：聪明但喜欢走捷径的人，可以当将军；又聪明又勤快的人，可以当参谋；不聪明、爱偷懒的人，可以当传令兵；但勤快、愚蠢的人，最好什么也别做。我认为自己是个勤奋的人，也不蠢，而且所学专业又是经济学，于是我选择当"参谋"。

经济学者要当参谋，就得研究现实、服务政府决策。倘若脱离实际，顶多是个"黑板经济学家"。我刚到中央党校任教时，博士不多，而自己之前又熟读西方经典，有些飘飘然。不过，后来我很快便发现，懂理论原理是一回事，用理论原理解决现实问题，则是另一回事，要当好"参谋"也并不容易。

回想起来，令我印象深的有两件事，彻底摧毁了我以往的盲目自信。

1997年爆发了亚洲金融危机，受其冲击，国内约有2000万国企职工下岗失业。1998年4月初，国务院总理朱镕基到中央党校作报告，首次提出要扩大内需，并让财政部发行了1000亿元特别国债，同时又向商业银行借了1000亿元的配套贷款，用于铁路、公路、机场等大型基础设施投资。

那天我在现场听报告，当时我想到了凯恩斯。心里直犯嘀咕：凯恩斯理论曾酿成了西方经济滞胀，中国能借鉴吗？社会上也议论纷纷，甚至有学者认为政府用错了药方。后来国务院领导回应：现在有人说我们推行的是凯恩斯主义，如果你们要这么看，那么应在前面加几个字，是中国特色的凯恩斯主义。

事实证明，那次国务院扩内需，不仅成功化解了金融危机冲击，也为之后应对金融危机提供了参照。2008年，美国次贷危机引爆国际金融危机，又导致国内约2000万农民工提前下岗返乡，面对严峻形势，国务院再次推出扩大内需组合拳。结果，全球经济皆下行，而唯有我们中国"风景这边独好"。

这件事给了我极大的震撼：对待西方经济学理论，既不能照搬，也不能全盘排斥。

另有一件事，也让我深受启发。1997年初，国家的外汇储备已达到1400亿美元。按照经济学原理，一个国家适度的外汇储备规模，是能满足3—6个月的进口用汇需求。

而根据我自己的计算，我国半年的用汇需求，当时大约是600亿美元。于是我在一次会议上提出，应适当地压缩外汇储备。

会上很多学者也持这种看法，并列举了大量西方国家的经验数据。言之凿凿，似乎无可置疑。可我们的建议并未被政府采纳，有人发牢骚，抱怨政府不听学者的意见。后来一位来中央党校学习的部长告诉我：并不是政府不尊重学者，即便你们的建议是对的，做决策也需审时度势。要是没有足够的外汇储备，上月索罗斯袭击香港金融市场，我们拿什么打退他？

这位部长的话，令我醍醐灌顶。原来，政府做决策并非单看书本上怎么说，而是要结合国际环境变化作出全局判断。自此之后，我对政府的重大决策有了敬畏之心，不再自以为是；也不再刻舟求剑，照书本上的理论对政府决策指手画脚、妄加评论。

经过这两件事，我的心态有了很大改变。俗语讲：不当家不知柴米油盐贵。学者只是"参谋"，不对决策效果负责任，很容易犯"站着说话不腰痛"的毛病。意识到了这一点，我总提醒自己，要保持"平和"心态。若政府重视自己某条建议，不必张扬；而不采纳自己的建议，也不必气馁，更不必怨天尤人。

2006年，我写文章提出，耕地占补不应局限于省内平衡，应允许跨省平衡。我在调研时发现，上海的工业收益率相对高，而陕北地区工业收益率相对低，若陕北在黄土高原上治沟造地，造出的耕地产权仍归当地，而允许将其耕地"指标"卖给上海，然后将所得资金入股上海当地企业，这样岂不是可以双赢？

对这个建议，上海和陕西一拍即合，可国土部门却一直不点头。后来我自己反思发现，当时的确不具备跨省平衡的条件，若仓促实施，有可能会冲击粮食安全。七年前，国务院推出了耕地跨省占补平衡办法，有朋友说：是政府听了我的建议。我并不这样看，经过10多年改革，不过是水到渠成而已。

当然，我不否认学者对政府决策能起参谋作用。但学者的建议，却不可能一夜间成为国家政策。政府出台任何经济政策，皆牵一发动全身，需经过反复论证或试点，最后是集体智慧的成果。我在中央党校任教，多次参与过政策论证，这一点我很清楚，所以我始终坚守"参谋"定位，绝不敢贪天之功。

学者本来只是参谋，但有时却会遭人误解。比如当年凯恩斯写《就业、利息和货币通论》，一度被西方国家奉为国策，而20世纪70年代西方经济陷入滞胀后，人们又对凯恩斯口诛笔伐。其实，凯恩斯就是个参谋，他提出的方案只是供政府参考，用不用最终还是政府决定，打了败仗怎能归罪于参谋呢？

　　回想平生，我自己也遇见过不少这样的事。有人觉得某政策不符合他自己的利益，便会不问青红皂白地指责，甚至搞人身攻击，说是我某篇文章误导了政府决策，好像不杀之不足以平民愤。所幸我已练得刀枪不入，这些指责并未动摇我当参谋的信念。

　　是的，当参谋不易。愿学界同仁不忘初心，担当起经世济民的使命。

文无定法

文章要文如其人

一个人最初练书法，一般都先临帖，从东晋"书圣"王羲之一直到清代的王铎，要临谁像谁。等积累一定功力后，就得创新，最好写得字如其人，有自己的面貌。写文章也如此，一篇好文章也得文如其人。写文章虽然主要是表达思想，但同时要有自己的风格。

事实上，我们每个人说话的风格是不一样的。有人声洪嗓大、快言快语；有人慢条斯理、不急不躁。倘若大家都按自己说话的风格写文章，文章肯定活灵活现，至少不会像时下很多文章那样，千人一调，让人读来味同嚼蜡，感觉天下文章一大抄。

记忆中，自己好像从不怕写文章。在我看来，写文章就是说话，不过是把想说的"话"写在纸上而已，两者并无多大不同。读初中时，课本中收录了毛主席的《人的正确思想是从哪里来的》那篇文章，开头便是："人的正确思想是从哪里来的？是从天上掉下来的吗？不是。是自己头脑里固有的吗？不是。"心想，毛主席能用大白话写文章，我为啥不能？

后来读鲁迅的文章，发现他也用了不少他家乡绍兴土话。这就更坚定了我之前的看法：怎么说就怎么写。可那时我写作文，老师常批评太口语化，不正规。可我却坚持自己的写法，屡教不改。直到那年考高中，本来需考五科，而我只考了一篇作文，监考老师和校长皆认为写得好，破格录取了我（一笑）。

上大学后，开始写论文，我阅读了大量学术期刊。结果发现，学术论文的结构几乎千篇一律，都是提出问题、综述文献、观点论证、政策建议等四大板块，而且不能用口语。要给刊物投稿，我不得已也仿而效之。说实话，那时候我发表的论文，不仅同宿舍的同学不爱看，我自己也不愿多看一眼。

1992年初，我毕业分配到中央党校任教，党校讲课没教材，讲稿得教师自己写。我虽不知道讲稿怎样写，但能肯定不能写成期刊上的那种论文。那年3月，邓小平发表了"南方谈话"，那篇文章是根据他的谈话录音整理的，可读（听）性极强。他这篇谈话，给了我很大的启发，让我懂得了讲稿应该如何写。

在党校教书四年后，我尝试给报纸写专栏。事先完全没想到，读者会好评如潮，说我语言平实直白，好读易懂。有一次和朋友坐火车去济南，邻座一位乘客将半张报纸放在茶几上，朋友扫了一眼说：教授，这篇文章是你写的。我接过来一看，已经没有了标题与作者名字。我问他怎知是我写的？他说：一看就是你的文字风格呀。

那时我还年轻，朋友夸我，说自己一点不得意是骗你。后来有位博士生也说，我的文章"好读不好用"，读起来很顺口，而摘引几句放在他的文章中，怎么看都不顺眼、格格不入。我说，那是我的文字风格与你不同，你只能整段引用，单独引一两句肯定不兼容。

有个现象我思考过多年，20世纪30年代推广白话文后，很多大家的文章都有鲜明个性，鲁迅的文章自不必说，我曾读过陈独秀、李大钊、瞿秋白等政治人物的文章，他们的文章也非常有个性。一看便知出自谁的手笔。可今天为何许多地方官员的文章却没有了个性呢？

若读者不信，你可以随意去找几家地方报纸，看看那些地方官员发表的文章是否都似曾相识？而且文章署谁的名字都行。何以如此？一位曾在某市政府研究室工作多年的朋友告诉我，市领导的文章是由研究室集体起草的，每人写一部分，而统稿时文字风格要统一，就把不同起草者的文字个性磨掉了。

朋友的解释有一定道理，但我认为还有一个重要原因，那就是写中文文章套用英文语法。当年胡适先生将英文标点与语法引入白话文，前者功莫大焉，后者却利弊参半。比如英文要求一个句子得有主谓宾，可我们之前是不讲这些的，不然，范仲淹的"先天下之忧而忧，后天下之乐而乐"就成了病句。

的确，我们中国人平时说话，是不太在意主谓宾的。说话重在沟通，只要对方能听懂，有没有主语一点不重要。可为何写文章就一定得有主谓宾呢？其实，若每句皆是主谓宾结构，雷同呆板，文章不会有节奏感。前些年，编辑时常给我文章加主语，我们争吵过多次，可人家掌握版面，我毫无办法，只能"就范"。

我说写文章要文如其人，除了语言要有个性，再有一点，就是要"真"。人们将"真""善""美"先后排列，我理解，"真"是前提。没有"真"，也就谈不上"善"和"美"。这是说，好文章得写自己的真实想法，要实话实说，不能写假话。不要以为自己高明，实际上谁都不蠢，假话连篇的文章没人喜欢看，更不会有人信。

当然，文章不仅假话不能写，空话套话也尽量不要写。空话套话无的放矢，不管用，不仅会浪费你自己的时间，也会浪费读者的时间。鲁迅曾经说过：浪费别人的时间等于谋财害命。你自己既然没有创新见解（观点）要表达，又不愿写真话，你何必为了浪得虚名而去写那些害人害己的文章呢?

写到这里，我最后想问读者一个问题：你们有谁见过历史上有哪篇"假大空"的文章流传到今天吗？应该一篇也没有吧。古人云：文章千古事，得失寸心知。此乃至理名言，愿与读者诸君共勉。

怎样安排点线面

好文章要写得文如其人，同时也需安排好"点线面"。这里的"点"，是指作者的创新观点；"线"，则是指由各分论点构成的逻辑线；而所谓"面"，是指为支撑分论点所需要的相关文献与案例。毫无疑问，一篇文章点线面安排合理，可大大增强说服力。

大学时期，我每天花一小时去图书馆读期刊论文，雷打不动。每当读到好文章，便对作者心悦诚服、五体投地；而读到那些点线不清晰的文章，会心烦意乱，嗤之以鼻。自己有切肤之痛，后来我写文章一定先考虑好点线面，反复推敲，否则不会动笔。

我没有下笔成文的本事，曾问过相熟的朋友，他们也说需要先确定点线面。看来，多数学者和我一样，皆重视文章点线面的搭建。从事经济学研究数十年，这里结合我自己的经验与体会，说说文章点线面应该怎样安排，当然只是一家之言，仅供读者参考。

先说"点"。前面讲了，"点"是指创新观点。不过这里的创新，不单指理论上的创新，也包括提供新的研究方法。比如200多年前，萨伊在《政治经济学概论》中提出"供给能自动创造需求"，在当时就是新观点；而凯恩斯在1936年出版的《就业、利息和货币通论》中，否定萨伊定律，提出国家应运用财政金融政策刺激需求，也是新观点。

多数学者写文章，一般都是作者觉得自己的观点有新意。要提醒读者的是，有新意的观点，未必就是对的，只是作者认为对，他才写出来发表。科学研究原本是一个不断"创新—纠错—再创新"的过程，对学术文章，不能要求作者保证观点正确，但必须有新意，毫无新意的文章不值得写，也不必写。

若学者没有新观点但有新的研究方法，这也是创新。研究方法包括分析角度与分析工具。如"边际分析"便是分析角度。亚当·斯密在《国富论》中曾提出一个十分经典的难题：对人类生存来说，水非常重要，可水却不值钱；而钻石对人类生存无足轻重，钻石却十分昂贵。斯密问，为什么会存在这种现象？

1871年，杰文斯在《经济学原理》中从"边际分析"角度，回答了这一难题。他说：水的效用是止渴，钻石的效用是炫富，由于平时水不稀缺而钻石是稀缺品，故水比钻石便宜。若假设一个人带着钻石，另一人带着一瓶矿泉水行走在沙漠里，口干舌燥，无水可寻，在这种时候，一颗钻石却换不来一瓶水。

在经济学中，分析工具创新也很多，如马歇尔的供给曲线、洛伦兹曲线、恩格尔系数等，当年它们都是作为新分析工具提出的。而这些分析工具，今天已在经济学界广泛应用。在我看来，提出新分析方法对经济学的贡献，并不亚于理论创新。

转谈"逻辑线"吧。一篇文章提出创新观点后，需用"分论点"做论证。将分论点连起来便是逻辑线。这是说，分论点之间必须在逻辑上有递进关系。多年前，有位年轻学者送文章让我指点，该文有三个分论点；一是前提；二是关键；三是重点。我看后告诉他：三个分论点可前后调换，没构成逻辑线。

以凯恩斯《通论》为例。其核心观点：要实现充分就业，国家需刺激投资与消费，分论点有以下五层：1.普遍失业是由于有效需求不足；2.有效需求不足是因为消费与投资需求不足；3.消费需求不足是因为存在边际消费倾向递减规律；4.投资需求不足是因为投资边际收益递减与人们存在流动偏好；5.由3、4点决定，市场对此无能为力，只能靠政府干预。

读者看明白没？上面五个分论点层层递进，构成了一条逻辑线。当然，论证也可从不同角度展开，如李嘉图当年为证明"今天的公债等于明天的税"（李嘉图等价定理），就是从公债与加税两个角度讨论它们对消费的影响，同样也形成了逻辑线。

最后再说"面"。文章确定了点和线，接下来还需要有"面"。点、线是文章的框架，要是没有"面"，文章没支撑起来，会缺乏说服力。就像一个人，不仅要有骨架，同时得有血肉。这个道理读者应该都懂，无需我多说。凯恩斯《通论》将五个分论点写成一本300多页的书，其中大量篇幅其实是"面"。

"面"大致可分三类：第一类是其他作者的观点。有比较才能有鉴别。引用别人的不同观点，让读者拿它们与你的观点作对比，可显出你的创新；同时，引用经典著作中与你相近的观点，可增加你论证的可信度。不过让经典著作为你站台，这种做法不宜多用，毕竟你的创新观点，最好是由你自己给出论证。

第二类，历史经典案例。1845年，爱尔兰发生大饥荒，马铃薯价格大涨，普通家庭买不起肉，便转向消费马铃薯，结果马铃薯价格上涨后消费不仅没减少，反而增加了。此现象最早由英国学者吉芬发现，称为"吉芬物品"。马歇尔认为吉芬物品是需求定律的例外；而后来弗里德曼证明需求定律没有例外，用的也是这个案例。

第三类，现实案例。用现实案例佐证自己的观点，是学界通行的方法。我自己也用。但要注意的是，大千世界能证实你观点的案例不难找，而推翻你的观点仅需一个反例。所以运用案例证实，不如用反例证伪，若证伪不被推翻，你的观点就算立住了。

文采究竟为何物

文采究竟为何物？众说纷纭，似乎没有统一说法。赞一篇文章文采飞扬，我听的最多的说法，是说作者用词华丽，修辞得体，读来朗朗上口。这样的文章，我年轻时读过不少，也佩服作者妙笔生花的本领，可上中学后，对语言华丽的文章渐渐失去了兴趣，甚至怀疑，文采是否真的就是仅指文字优美。

查阅英汉词典。文采在英文中对应的单词有三个：aptitude for writing、rich and bright colours、literary talent，分别代表写作才能、文字优美、文学才华。看来，人家老外也把文字优美作为衡量作者是否具有文采的重要标志。而我自己却总觉得文采不能单看文字是否华丽，应该还有其他方面的含义。

读小学四年级时，开始学习写作文，老师让我们多用成语。有位同学有成语词典，有一次写300字的作文，他用了

50个成语，作文交上去，他沾沾自喜，以为会得到老师表扬。后来老师讲评时给同学念他的作文，老师边念边笑，同学们也笑得前仰后合。

读中学学语法与修辞。我还记得语法有句顺口溜："主谓宾、定状补，状语谓前补在后。"说实话，对学语法我很反感，认为那样写文章不会有节奏感。修辞我倒是用心学过，排比、对仗、比拟等手法，那时我用起来得心应手。可上大学后，感觉用修辞手法过多显得做作，不自然，慢慢也就少用了。

今天我对文采的理解，有三方面：文字通畅，有节奏感，生动有趣。一个人有文采，首先是要把句子写通顺。几年前，我同学欧阳卫民博士读我的《经济学反思》，他说没想到我能把句子写得那么顺。我问他是夸我还是损我？他说：当然是夸你，现在有不少博士句子写不顺呢。他说的是实情，我也遇见过。要是一个人连句子都写不顺，他的文采也不可能好到哪里去。

有节奏感，是指句子要有长有短，长短句搭配得当。在造纸术发明前，文字需刻在竹简上，那时古人写文章多用短句。自东汉蔡伦改进造纸术后，便渐渐出现了长短句文体。20世纪30年代白话文兴起，写文章仍讲究长短句搭配。可今天很多文章却皆变成长句，且句句主谓宾，没有了节奏变化。

　　不知别的读者是什么感觉，我读那种没有节奏变化的文章，总提不起精神，读不了几页就犯困。特别是句子冗长又不怎么分段的文章，有的一自然段占到一页多，看上去就像面对一堵墙，密不透风，这样的文章往往让我胸闷气短，产生畏难情绪，咬着牙也读不下去。

　　所谓生动有趣，是指有幽默感。文章有幽默感，引人入胜，当然文采斐然。要命的是，幽默感与人的性格有关。语言通顺和节奏感可通过训练掌握，而幽默感却与生俱来，很多人可求不可得。一个人若天生孤僻，不苟言笑，没有幽默细胞，写文章怎会有趣呢？

　　我观察过，一个人是否有幽默感，与学历、头衔等无关。有的人是名校博士，或是大教授，但写文章却干巴巴、了无生趣。而有的人学历不高，可文字可以写得非常有趣。我有个小时候的玩伴，初中没毕业，偶尔写信给我，文字眉飞色舞。每次读他的信，我会哈哈大笑。

　　古往今来，但凡搞文学创作的，一般都有幽默感。我读过英国莎士比亚的《威尼斯商人》、俄国托尔斯泰的《战争与和平》、美国温斯顿·葛鲁姆的《阿甘正传》等，皆幽默感十足；中国的李白、苏东坡的作品也很有趣。而读当代作家莫言、刘震云、余华等人的小说，也时常让我忍俊不禁。

　　也许有读者会说，文学作品可以生动有趣，写政论和学术文章需要严谨，怎能生动有趣呢？其实，这种担心是一种误解。马克思的《资本论》是一部逻辑严谨的经济学学术著作，可他在写资本原始积累时写道："资本来到世间，从头到脚，每个毛孔都滴着血和肮脏的东西。"你是不是觉得很生动？

再看毛主席写的《星星之火，可以燎原》，在讲到革命高潮快要到来时，他写道："它是站在海岸遥望海中已经看得见桅杆尖头了的一只航船，它是立于高山之巅远看东方已见光芒四射喷薄欲出的一轮朝日，它是躁动于母腹中的快要成熟了的一个婴儿。"

由此见，无论写何种题材的文章，都需要有文采，生动有趣。问题是怎样才能写出文采呢？这些年我自己也一直在探索，有几点不成熟的思考，在这里写出来，算是与读者切磋吧。

要把文字写通顺，没有捷径，只能靠大量阅读，自己多练笔。我自己之前的做法，是每周写一篇短文，写出初稿后就请同事、朋友、学生阅读提意见，等他们意见反馈汇总后，再反复推敲修改。这样只要坚持三五年，便可过"语言通顺关"。

训练文字的节奏感，我认为有一个窍门，就是多背古诗词。特别是宋词，都是长短句搭配，你背它个100首，然后按照原词的结构，尝试将它们写成白话文，慢慢你就会明白节奏感是怎么回事。习惯成自然，假以时日，你的文字也会变得有节奏。

　　困难的还是幽默感。文字要有幽默感，首先是你性格要开朗，可以多看看喜剧类小品。当然不能只是看，你可以将电视上的喜剧节目，用文字写出来，如果家人朋友读了觉得你写得有趣，那么恭喜你，你也可以写出有文采的文章了。

可读性强文章的共性

　　人们常说文无定法，是指写文章无一定之规，可以百花齐放。然而奇怪的是，文章写法不同，而读者对那些可读性强的文章却往往有共识。就我自己来讲，除了本学科经典，非专业类书籍大多是朋友推荐读的。朋友认为好，我读后也觉得好，说明我和朋友有共识。

　　在知识爆炸时代，出版物多，为何有些书（文章）读者会普遍认为好呢？我想过这个问题，原因是可读性强的书（文章）一般有某些共性，而恰好读者也喜欢。30多年前，一位学长推荐我读卡耐基的《语言的突破》，书不厚，我一夜读完，确实让我茅塞顿开。后来我推荐给同学，同学也交口称赞。

　　我平时读书很杂，哲学、历史、美学、文学等方面的书，我都读过一些。有朋友以为我藏书会很多，其实不然，我花钱买的书不少，可收藏的书并不多。有些书的书名看上去很吸引人，可我买回来却读不下去；有的书读一遍尚可，不值得重读，没有收藏价值，也就随时当废品处理了。

多年前，朋友给我讲过他的一件尴尬事。当年他博士论文出版后，签名送给了办公室的同事，后来那同事搬家，把他的书当废品卖了，可签名页未撕掉，有一次，我朋友在北京火车站地摊上见到这本书，问摊主书是从哪儿来的？摊主说：是从垃圾站淘来的。他觉得很丢人，气得直跺脚，只好自己买下来。

朋友这样说，惊出我一身冷汗，因为我把他的书也卖掉了（一笑）。我现在的藏书，大约700本。别看数量不多，经过多次淘汰，剩下的皆是可读之作，而其中50多本属于经典。而且我发现，可读性强的书（文章）的确存在一些共性，反复读，可常读常新。

可读性强的文章有何共性？根据自己的阅读体验，我将其归纳为两个层面、六个字。在思想层面："真、善、美"；在表达层面："才、情、趣"。

写文章要说真话，我在《文章要文如其人》一文中讲过，世上没人爱听假话，也没人甘心受骗。假话能骗读者一时，但迟早会被戳穿。而从学术角度讲，"真"即真理和规律。这是说，写文章要有逻辑，尊重客观规律，不能凭主观臆断信口开河。

"善"的字面意思是善良，要有同情心和正义感，伦理学称为"道德"。康德说：一个人可以没有知识，但不能没有道德，人之所以为人，就是因为人有道德。不过要提醒读者的是，不要片面地理解"善"，真正的"善"，是既要与人为善，又要疾恶如仇。若写文章不分是非，一味地讨巧卖乖，那是"伪善"。

"美"是人们的主观感受。一篇文章美不美，关键要看它是否"真"和"善"。道理很简单："真"和"善"的反义词，是"假"和"恶"。读者想想，要是某篇文章假话连篇、恶语伤人，你会认为美吗？当然不会。人同此心，心同此理，故写文章需要真和善。

以上讲的是思想层面；在表达层面，作者还得有"才、情、趣"。抗战期间在一次聚会上，作家冰心为好友题了一幅字："一个人应当像一朵花，不论男人或女人。花有色、香、味，人有才、情、趣。三者缺一，便不能做人家的一个好朋友。"我十分赞赏这句话。是的，作者想成为读者的好朋友，也需要有才、情、趣。

前面说，"真"和"善"是"美"的前提，若再加上"才、情、趣"，则可给文章锦上添花，增强美感与可读性。我这里所说的"才"，是指作者有大学问，能贯通中西古今，文章写得纵横捭阖，收放自如。这样的文章，不仅可帮助读者扩宽视野、增长见识，也能激发读者的求知欲。

当年我读《国富论》，就为亚当·斯密的学问所折服。

《国富论》于1776年出版，那时通讯极不方便，贝尔发明电话，要等到100年之后（1876年），可亚当·斯密对全球贸易状况却了如指掌，就连广州的蔬菜价格波动也一清二楚。我至今想不出他是如何做到的。后来在图书馆读李嘉图的《政治经济学及赋税原理》，如遭电击，有一次，我硬是给他跪下来。

情为何物？通俗地讲，是指人的情感与情绪。我们每个人都有爱和恨，有喜怒哀乐。文学作品一般比较重视这种情感的表达，特别是喜剧类或悲剧类的作品。问题是学者写学术文章能否带情感呢？有人说，学术研究是寻求真理（规律），学者不能被自己的情感所左右，否则先入为主，很容易偏离真理。

此话我认为只说对了一半。拿经济学来说，经济学分析有"实证"和"规范"两种方法，若做实证分析，当然不能带情感；而做规范分析，学者则要有鲜明的立场。如《国富论》为自由贸易鸣锣开道，是与资本家阶级共情；而《资本论》则是为劳动者争取平等地位。可见，斯密与马克思立场不同，但皆爱憎分明。

最后再说"趣"。关于写文章要有趣，之前我已说过多次。有趣才能调动读者的阅读兴趣。人们之所以爱读文学类文章，通常也是因为它们有趣。坦白地讲，读那些死气沉沉的文章，于我是一种折磨，除非要考试非读不可，假若可以不读，我不会去读。

学术文章怎样才能有趣？作者自己首先要有幽默感。一个人的幽默感一半来自天生，一半从生活中积累。我读中小学时正值"文革"，缺吃少穿，同学间常常说笑话，苦中作乐。今天朋友说我的文章有幽默感，应该与我小时候的成长环境有关吧。

书面语与口语

读初中时写作文，老师常批评我用词不正规，过于口语化。可我认为口语比书面语更生动，死不悔改。不承想，读到高中却时来运转，老师对我的作文赞许有加，还多次推荐给班上其他同学仿效，直到今天，我文章中的口语仍然随处可见。

说起来，并非我自己固执。那时候我读过鲁迅的几篇文章，里面有不少口语。也背过毛主席的"老三篇"，口语更多，而且也是我最喜欢读的文章。我想，鲁迅是鼎鼎大名的作家，毛主席是伟人，他们写文章都用口语，我一个无名小卒，为何不能用口语写文章呢？

上大学后新的问题又来了：学术文章应该怎么写？翻阅学术期刊，发现作者一般很少用口语。我的文章若想在期刊上发表，能否再用口语写作？对此，我好几个月一直犹豫不决，正是那段时间，自己仔细琢磨了"口语"与"书面语"

到底有何不同。

琢磨出的结果，区别主要在三方面：首先，口语倾向于平实，有烟火气；书面语则注重庄重正式。比如夸某人长相好，口语说"好看"，书面语说"美丽"。其次，口语结构简单，大多是短句；而书面语结构相对复杂，且句子较长。再次，在文章段与段之间，口语通常硬转硬接；而书面语则会有"过渡"，如用"因为""所以""然而""但是"等之类的连接词。

经过反复权衡，我决定用口语写论文试试。投石问路，文章写好后投给了本校学报，三个月后给刊登出来了。那天学报主编李正本教授在办公室见我，当面夸我写得生动，让他耳目一新。其实我自己很清楚，该文并无多大创新，只是层次较清晰，而且是用口语写，与其他作者的风格不太一样而已。

数十年来，我写文章皆用口语。1996年开始在报刊上写专栏，前后写了26年，也是用口语写。起初有朋友说，我的文章不像大教授的手笔，感觉是在拉家常。我听后一笑了之。报社总编辑打电话告诉我，说读者很喜欢我的专栏，好评如潮。有读者喜欢我的文字我信，但"好评如潮"要打折扣，听后我也一笑了之。

说我现在的看法。写文章重在表达或论证自己的观点，以理服人，至于用书面语还是口语写，倒是无所谓。若口语词能达意，我自己会选择用口语。事实上，用口语写比用书面语写文章更难，若你对某个问题没研究通透，是不可能用口语准确写出来的。

100多年前推广白话文，其实就是倡导用家常话写文章。回头看，五四时期的文章，大多确实是用口语写的。延安时期，毛主席在《反对党八股》一文中说："如果一篇文章，一个演说，颠来倒去，总是那几个名词，一套'学生腔'，没有一点生动活泼的语言，这岂不是语言无味，面目可憎，像个瘪三吗？"

20世纪70年代，国际学界骤然兴起了"洋八股"。国内学者跟风，许多文章也染上这种"八股"气，不仅格式呆板，语言也十分空洞。英国萨塞克斯大学Dennis Tourish教授发表了题为《管理学研究中废话的胜利》的文章，公开批评"伪装成构建理论的空话废话，已令整个管理学科陷入了危机"。

由此看，目前国内学界确实需要转变文风。当年我读博士时，同学写论文，我们相互看不懂。而当面讨论，寥寥数语便能说明白。可为何不用容易懂的语言写呢？大家的担心是，如果语言太直白，让人一看就懂，论文会被认为科研含量不高，所以把句子写得曲里拐弯，自己生造词汇的现象蔚然成风。

我是过来人，这里要衷心劝告年轻学者，做学问一定要踏实，写文章绝不能花拳绣腿，要善于用直白的语言（或口语）表达思想。当然，要想做到这一点也并非一日之功，需要有意识地自我训练。在这方面，我自己有些体会，重点是要处理好以下三组关系。

第一组关系：古文与白话文。古文言简意赅，句子较短，但今天的读者理解有一定的难度，我们可以学习古文凝练的语言，却不宜仿照古文写文章，即便需引用古文中的某些话，也要翻译一下。我曾见过有学者大段引用古人的文章却不做任何解释，让读者似懂非懂，人家会认为你有故意卖弄之嫌。

第二组关系：生僻词与常用词。有学者以为，写文章多用生僻词会显得自己文字功底好，学问深。殊不知这是一种误解，学者写文章是为了"传道"，而"传道"就得让读者容易读懂。从这个角度讲，用词越通俗越好。我自己写文章，若有生僻词与常用词供我选择，我会毫不犹豫地选择常用词。

第三组关系：长句与短句。用白话写文章，可以用长句，但不能一长到底。我们中文是单音节字，写文章实际上就是砌字。若不是长短句搭配，句式缺少起伏变化，读起来也就没有节奏感。建议读者背几篇唐宋名家散文以及宋词，要学会用成语，一个成语本是一个短句，与长句配合，节奏感会立现。

　　真佛只说家常话。是的,写学术文章也不例外。一个学者的学问不论有多高深,只要他不是一知半解,或故作神秘,都可用通俗的语言写出来。多年来,对看不懂的经济学文章,我不会高看作者一眼,也懒得读。而且在我看来,看不懂不是我蠢,而是作者自己没弄明白。不是说笑,若有人不服,我们可以当面对质。

勿写官样文章

据专家考证，"官样文章"一词出自宋代吴处厚的《青箱杂记》，特指旧时官场有固定格式和套语的公文。而今天人们说的"官样文章"，则是指那种没有实际内容的假大空文章。毛主席1942年发表《反对党八股》，其实就是批评当时写官样文章的风气。

毛主席说：一个人写党八股，如果只给自己看，那倒还不要紧。如果送给第二个人看，人数多了一倍，已属害人不浅。如果还要贴在墙上，或付油印，或登上报纸，或印成一本书，那问题可就大了，它就可以影响许多的人。而写党八股的人们，却总是想写给许多人看的。这就非加以揭穿，把它打倒不可。

接下来，他在文中还列出并分析了"党八股"的八大罪状：空话连篇，言之无物；装腔作势，借以吓人；无的放矢，不看对象；语言无味，像个瘪三；甲乙丙丁，开中药铺；不负责任，到处害人；流毒全党，妨害革命；传播出去，祸国殃民。

读初中时，语文课本中有这篇文章，老师上课讲解过，我也背过。不过当时年龄尚小，没读过党八股那样的文章。我之所以背，是因为特别喜欢毛主席幽默风趣的文风，有一次上作文课，老师批评一位同学的作文是党八股，我大吃一惊。我学习成绩比那同学好，却写不出党八股；而他平时吊儿郎当，怎会写党八股呢？

我与那同学是好朋友，私下问他作文是怎么写出来的？他说不是自己写的，是从报纸上抄的。然后从书包里拿出报纸与作文本给我看，我对比了一下，果然一字不差，真是抄的。他一旁冷笑道：登在报纸上的文章，老师还说是党八股，证明他水平不行呢。

这是我第一次读党八股文章。说实话，那篇文章的确是空话连篇，每句都像喊口号：我们一定要这样；一定要那样，完全不讲道理。尽管登在报纸上，我也看不上。引以为戒，之后我写作文，动笔前就会下意识想到党八股，尽量不写空话套话，不用命令句式。

回头说官样文章，在我看来，官样文章就是党八股的翻版。有三大特征：一是摆官态。无论作者是官是民，一写文章便摆出一副官态，居高临下，颐指气使。二是打官腔。言词高调，官气十足，不容许置疑。三是耍官威。拍脑袋，想当然，提各种不切实际的要求。

多年来，我心里一直有个困惑：既然大家都讨厌官样文章，可为何有的官员还要写呢？更奇怪的是，有些人明明是学者，无职无权，为何也要写官样文章？

有一次我赴东北某市调研，与市政府研究室主任聊起此事。他告诉我，市领导的文章是研究室写的。我问：市领导为何不自己写？他说：领导忙，只有科级干部才在格子里面写（初稿），处长在格子旁边写（修改），市领导在格子顶上写（提修改意见）。文章要符合领导说话的口吻，难免带官腔官调。

原来市领导文章是科长写的，当然不代表市领导的水平。20多年前，曾听朋友讲过一个笑话。某地方官员给当地干部讲国际形势，稿子也是研究室写的，他看过后将17页放错了位置。那天念到16页"四海翻腾云水怒"时，最后一行只有"四海翻"三个字，他嘴里不停地念"翻、翻、翻"，却翻不见17页，引得台下一阵窃窃私语。

类似笑话多，不排除有夸张的成分，但却让我知道了官样文章是怎样写出来的。想想也是，让科处干部给市级领导写文章，无论思想高度还是深度皆难以企及。迫不得已，也只好用空话套话凑数。看来，要改变目前这种局面，别无他法，还得领导自己动手写。不然，长此以往，官样文章会泛滥成灾。

令人不解的是，时下不少学者也写官样文章。何以如此？思来想去，我认为有两方面原因：一是报刊上的官样文章误导了学者，以为报刊偏向发表这类文章，投其所好，也跟着写空话；二是有些学者对现实缺乏研究，无创新见解，要发表文章只能写空话。何况空话文章好写，名利双收、一举两得。

我认识一位年轻学者，也是同乡。前年国庆节我们见面，他带了几篇文章让我指点。我看过文章，发现大多是空话套话。因为是同乡，我直言不讳地问他：你是学者，干吗写这种官样文章？他答：容易发表。我说：你文章人云亦云，发表了也毫无价值。

我知道他有难言之隐，学校要考核工作量，若发表文章不够数，年度考核过不了关。由此我想，对学者应该如何考核才对。学术研究不是工厂生产产品，有特殊性，很难每年都出成果。诺贝尔经济学奖得主科斯，一生所发表的重要文章也就10多篇，没有专著，若按我们的办法考核，岂不是"不称职"？

改进考核是一方面；关键还是在学者自己。我不希望年轻学者写官样文章，是因为人的时间、精力有限，若用不对地方，会得不偿失。经济学讲，凡选择皆有代价。写官样文章的代价，便是牺牲学术研究。板凳要坐十年冷，是说做学问应甘于寂寞。若年轻学者急功近利，实在是目光短浅，难成大材。

写到这里，我想起清代学者徐灵胎嘲讽八股文的诗，原作较长，我做了少许删减。摘抄如下：

> 三句承题，两句破题。摆尾摇头，便道是圣门高第。
>
> 可知三通四史，是何等文章？汉祖唐宗，是哪朝皇帝？
>
> 读得来肩背高低，甘蔗渣儿嚼了又嚼，有何滋味？
>
> 辜负光阴，白日昏迷，就教骗得高官，也是百姓朝廷晦气。

当头棒喝！过瘾、过瘾。读者不妨背下来，当是警钟长鸣。

怎样改进文风

文风问题是老生常谈了，早在延安时期，毛主席就提出反对党八股，整顿文风。中央党校作为党的最高学府，若能在改进文风上带头，率先垂范，将利在当代、功在千秋。近些年，我自己读过言之无物的文章无数，也听过不少空话连篇的报告，有切肤之痛，当然赞成改进文风。

10多年前，《学习时报》召开座谈会，各路专家济济一堂，大家从不同的角度谈文风，海阔天空，各抒己见。虽然专业各不相同，但有一点却是共识，改进文风刻不容缓。而我所思考的是，今天国人的文风何以会江河日下？我想到的答案是：利益驱动。

不是信口开河。先说我所观察到的现象。首先是经济学教科书。当年我上大学时，教材通常30万字左右，可30年过去，今天国内教材的字数差不多都翻了番。是经济学发展突飞猛进吗？非也。据我所知，近30年学者的创新成果并不多，尽管现在每年也有学者拿诺奖，但那都是30年之前的成果。

问题是经济学的研究相对停滞，可教材为何越编越厚呢？我认为是与国内的职称制度有关。就在20年前，大学里评职称还是比著作字数。谁发表的字数多，谁先当教授。利益攸关，教科书膨胀也就不足为怪了。

另一个现象，是经济学者的论文。翻开经济学期刊，大多数文章写法如出一辙。更麻烦的是文字，不是空洞晦涩，就是滥用数学，外行看不懂，内行不明白。一位在某权威期刊做编辑的朋友说，他们刊物选用的稿件，仅一个半人能懂，假定作者本人懂，而责任编辑是半懂不懂。

这说法无疑有些夸张，但当今经济学的论文不好懂是事实。奇怪的是，经济学大师亚当·斯密写的《国富论》，有初中文化的读者就能懂，为何今天经济学者写的论文会那样艰深呢？尤其是那些博士论文，哪怕你是博士，也未必能看明白。

经济学适当用数学我不反对，然而滥用则物极必反。数学代替不了经济学，说上天，它也只是协助推理的工具。一篇经济论文若在理论上无建树，数学用得再深，也不过是花拳绣腿、废纸一张而已。

如此浅显的道理，学者不会不知道。可大家为何不在理论创新上下功夫，而对高深的数学情有独钟呢？其中奥秘我当年一位师兄一语道破。他说数学用得高深，让人不知所云，审评教授看不懂又不好明说，只好网开一面，论文答辩则可轻松过关。

现在有些官员也如此。这些年，我听过很多官员讲话，其中当然不乏精彩的，但讲空话套话的也不少。匪夷所思的是，现在的官员讲话，大多是念稿。几年前我到西柏坡，在七届二中全会旧址看过毛主席在全会上讲话的录像，当年毛主席手里只拿一个提纲，讲得神采飞扬，而台下掌声雷动。

相比之下，我们现在省、市一级，甚至县一级的官员，讲话都得让别人拟稿。是官员自己水平低吗？非也。我所接触的官员多，从省到县，多数官员其实都能说会道，可一旦作报告，他们就照本宣科、一字不落地念稿。

曾问过我熟悉的官员，他们说：而今会议多如牛毛，办会单位为提高规格，都请领导到会讲话。领导不是万事通，情况不了解还要讲话，不得已只能请别人捉刀拟稿。还有官员说：领导要到处讲话，言多必失，为避免讲错话，只好讲空话。空话虽不管用，但空对空，对不了也错不了。可见，讲空话是出于无奈。然而空话讲多了也就成了习惯。习惯成自然，便成了官场一大流弊。

追溯历史，文风问题并非始自今日。早在延安时期，毛主席就曾提出要整顿文风。文风问题由来已久，那么改进文风仅靠发号召怕是难以成事。制度高于一切。要改进文风，就得有制度创新。我供职的中央党校，原来评职称的一项硬指标，是比著作字数，攀比之下，学者的文章越写越长。前几年改了规矩，评职称只看代表作，不比字数，于是泛泛空谈无人问津。

另一个例子是中央党校的授课制度。我刚进党校时，每节课是3小时，可那时总有教师拖堂，学员怨声四起。后来校委立规矩，限定每节课不得超过2小时，并让学员当堂给教师评分。你猜怎么着？拖堂现象戛然而止。2008年我在中央党校当学员，听了一年课，不仅拖堂的少，而且授课质量之高出乎我意料，许多教师是朝夕相见的同事，可听他们授课，让我刮目相看。

再说官员的文风。如何让官员少讲空话？办法当然多，但最根本的一条，恐怕还是要立规矩。比如今后官员讲话或作报告，能否借鉴中央党校的做法，让下面听众给打打分。分数可以不公开，但必须反馈给官员本人。当然，听众打分应不记名，记名打分大家不敢说实话，规矩会流于形式。眼下的困难在于，官员给自己立规矩，革自己的命，谁会愿意第一个吃螃蟹呢？

那天我在《学习时报》召开的座谈会发言，斗胆提出了领导讲话要让听众打分的建议，不料与会者都赞成，并报以热烈的掌声。不过掌声归掌声，我知道要真正做到不容易。既然校委会提出中央党校要带头改进文风，那么就请校长们

带个头吧。万事开头难，能不能迈开这一步，让我们拭目
以待!

走出象牙塔

灵感与顿悟

读者应该也有过这样的经历，有时思考某个问题被困住了，毫无头绪，终日寝食难安。但如果你去外地走一走，散散心，或去找朋友聊聊天，等脑子放松下来，忽然就想到了答案。得来全不费工夫，这大概就是人们所说的灵感与顿悟吧。

人到底有没有灵感这回事？我认为是有的。不过，灵感通常是不期而至，可遇不可求，要看运气；而且灵感要受外界激发才产生，有突发性，来无踪、去无影，往往转瞬即逝。因此灵感一旦出现，就要立即捕捉住，不然如同一场梦，事后会忘得一干二净。

我说人有灵感，并非信口开河。说一件往事。经济学有一个公理性假设："资源稀缺"。可在真实世界里，有些资源并不稀缺，如江上清风、山间明月，我们可以享之不尽、用之不完，可经济学为何要假设资源稀缺呢？此问题困扰了我很多年，一直百思不得其解。

其实我也明白，若不假设资源稀缺，而资源是无限的，就无需经济学研究资源优化配置。可问题是假设与现实不符，如何讲得通呢？后来我给学生上课，提出了一种解释，说"资源稀缺假设"是假定经济学仅研究稀缺资源配置，非稀缺的资源不研究。

这解释貌似有理，深想其实不对。比如当人们花钱去登山赏月，而风力用来发电时，经济学能不研究吗？当然不能。直到2015年夏天我赴昆明调研，午餐时与当地几位官员闲聊，却突然让我产生了灵感，并轻松地解通了这个困扰我多年的难题。

那天我们聊起房价。有位处长说，他家三代同堂，想买套大点的房子，可是缺钱。我说：你可向银行申请房贷呀。他说："我现在每月工资拿一半还房贷，需再活50年哩。"一语点醒，原来，他是担心自己不能长命百岁，创造不了足够的收入来满足自己的欲望。我恍然大悟，于是从需求角度解释了资源稀缺是指人的生命有限。

不知读者觉得这算不算灵感？我自己感觉是。事实上，那些日子我脑子里完全没想过"资源稀缺"的事，而且我认为自己也不可能想出答案，早已放弃了。可那位处长无意间一句话，让我从人的生命角度看资源稀缺，真乃有心栽花花不开，无心插柳柳成荫，请问不是灵感是什么？

转谈顿悟吧。"顿悟"一词，最初来自佛教，原意指一个人未经过长期修行却突然觉悟成佛。而我这里讲的"顿悟"，与"灵感"的意思很接近，是指人们在某一瞬间领悟到了某个道理。不过，顿悟通常要由灵感生发，然后触类旁通认识到了某个规律。若说灵感是个闪光点，那么顿悟则是一道光。

再举一个例子。前几年政府推动美丽乡村建设。目标要求是"望得见山、看得见水、记得住乡愁。"可"乡愁"是无形服务（品），消费不排他，无法收费；同时由于看不见摸不着，也无法计量或计价。比如"乡愁"卖多少钱？很难说清楚。若不能卖，前期投入无法回收，绿水青山也变不成金山银山。

关于这个问题，我查阅过中外大量文献，却没有找到答案。2017年暑假我回湖南湘西调研，发现农民创造出了不少办法。如湘西隘口村，将本地特殊气候捆绑在茶叶上，行销全国；而马王溪村，却将田园风光捆绑到生态产业上，当地黄桃4元/斤，若观光客自己采摘，8元/斤不打折。那天在马王溪村考察时，我脑子里灵光一现，顿时想出了无形商品的盈利模式。

回到北京后，我当晚就写成文章，提出了一个定理："假定存在某有形商品可加载无形商品的效用，那么，该无形商品则可委托前者进行市场交易。"文章发表后，读者回声四起，有读者说我对经济学理论做出了创新。我也认为有创新，但不敢贪天之功，我是受了农民的启发，才得到的"顿悟"。

是真的，"顿悟"确实有这么神奇。如果我那次没去湘西调研，恐怕今天也想不出上面的定理。这些年，我行南走北赴全国各地调研，也就是为了到真实世界寻找"灵感"与"顿悟"，而我第一次体验到"灵感"与"顿悟"，是20多年前的一次山西之行。

1998年秋，我陪同几位学员从太原驱车前往大同调研，路过五台山时，我们顺道去参观。在大雄宝殿，我看到了这样一幕场景：一位中年男子跪在佛像前叩头，突然几名公安干警将他捉走了。听香客说，此人是越狱逃犯。当时我纳闷：菩萨只保佑好人，不会庇护坏人，可为何一个越狱逃犯要拜菩萨呢？

我正在发呆，见一个僧人双手合十从大殿走出来，忽然来了灵感：原因是菩萨不说话、不表态。是的，若坏人烧香叩头，菩萨明确表态不帮他，坏人不会拜菩萨。由此，我又悟到那些不肯担当作为的人，为何人缘好。因为做好事会得罪坏人；做坏事会得罪好人。于是他们就学菩萨，不表态、不做事。

上面说的是我的亲身经历。中心意思是，学者希望有"灵感"或"顿悟"，应该走出书斋，到社会实践中去寻找。

切莫躲在书房里闭门造车。自己苦思冥想也想不清的问题，可以放一放；写不出的文章，也不必硬写。先去做些调研，也许会海阔天空。

"众里寻他千百度，蓦然回首，那人却在灯火阑珊处。"是辛弃疾说的，对学者来说，寻找灵感与顿悟又何尝不是如此呢!

看见的未必是真的

研究经济学不像研究自然科学，自然科学有专门的实验室，而经济学的实验室是真实世界。百闻不如一见，所以经济学者要走出象牙塔，多做田野调查。人们常说"眼见为实"，可这些年我自己在调研过程中发现，亲眼看见的也未必就是真的。

学者不是官员，去工厂或乡村调研，按理人家不会弄虚作假骗学者。1997年夏天，我到东北某市考察一家国企，考察报告发表后，该企业一位职工写信给我，说我了解的情况不真实。当时我很不解，自己明明去了企业开了座谈会、看了车间，情况怎会不真实呢？

后来一位学员给我分析说：你虽不是官员，无职无权，但你是知名学者，会写文章，你在那家企业看到的，只是企业老总想让你看的，他不想让你看的，你肯定看不到。原来如此，从此，我做调研，在对方安排的常规动作外，时常会添加一些自选动作。

是的，学者做调研要了解到真实情况很难。我自己的体会，有三种情况学者容易看走眼，一不小心，就会被假象迷惑，甚至被人牵着走偏了还不自知。而了解的情况不真实，写文章所做的分析与判断当然也靠不住，通常是差之毫厘，失之千里。

具体有哪三种情况呢？

最常见的一种：你看到的局部是真的，但整体却不是真的。有一次我与同事做劳动者权益保护调查，重点考察车间空气环境。在一家制造业企业，一位副总带我们看了装配车间。装配车间空气确实很清新。而当我提出要看生产车间时，那位副总说生产车间有保密技术，不便参观。我知是怎么回事，是他不想让我们看生产车间。

第二种情况：你看到的全是真的，但对方的解释却是假的。几年前有媒体报道，西南某市基础设施建设成效显著，村村通高等级公路。2017年我到实地走访了数十个村，果然是真的。据市领导介绍，是他们招商引资所取得的成效。可后来央视曝光，是当时主政官员让平台公司过度举债，搞政绩工程。

第三种情况：你看到的是假的。此类情况虽不多，但我也遇见过。10多年前我去某贫困县考察，县委书记陪同我访问脱贫户。在一户农民家，我见电视机、冰箱、真皮沙发等一应俱全，而男主人却不停咳嗽。我问他看医生没有？他说看过，现在没钱不看了。我心想：有钱买高档家具怎会没钱看病？脱贫是假的吧？于是去他邻居家打听，对方欲言又止，我断定是假的。

由此见，我们学者去现场调研，即便是亲眼看见，也可能不全是真的。那么如何辨别真假呢？我本人其实没啥独门秘籍。曾与不少官员一起做过调研，我发现他们识别真假的本领堪称一绝，到现场一看，便知哪些是真的，哪些是摆设的。他们长期在第一线，经历得多了，自然炼出了一双火眼金睛。

我没有官员的那种火眼金睛，但数十年来天南地北地走，自己也有一些招数。这些招数在官员看来是小儿科，但对我们学者也许有用处，我在这里写出来，看能否帮到做学问的朋友。

说起来，我的招数很简单。第一招：在用眼睛看的同时，还要用"心"看。所谓用"心"看，就是在自己心里根据常理作逻辑判断。对不合常理或逻辑的事，就得特别留心，从多角度观察细节，若有疑问，就及时发问，要打破砂锅问到底，一直问到疑问解开为止。

大约20年前，我在西北某市调研，在考察经济开发区现场，市长介绍说，该市城市化率达到了60%以上。我一听不合常理，便问：东部沿海地区的城市化率刚接近50%，你们怎会超过60%？市长见我不信，让秘书把市政府相关材料给我看。我看了还是不信。晚餐时我又问：你们目前住在农村的人口明显比城市多，60%的城市化是怎样计算的？市长说：很多人虽住在农村，但户口已农转非，属城市户口了。我这才明白，他们讲的城市化率，是指城市户口比例，而不是"职业"城市化率。

我的第二招：从对比角度看。不仅做纵向比较，也要做横向比较。有果皆有因。做纵向比较，能看清一件事的来龙去脉，可大致判断此事件真实发生的概率；而做横向比较，则容易看出这件事的真假。比如经济状况完全相同的两个县，年底一个县上报GDP数据高出另一个县的50%，你可能相信吗？

我的第三招：要看见看不见的。在地方调研，当地官员往往会带你参观那些看得见的，而看不见的却绝口不提。1998年夏天，长江发生特大洪灾，中央财政拨专款支持灾后重建，可有地方却用这笔钱盖了楼堂馆所。当年我去调研时，当地官员带我看新建的大楼，告诉我建这些大楼创造了多少就业、多少税收。

当地官员讲的是真话。楼堂馆所是看得见的。创造就业与税收我也不怀疑，可这些都是可以看见的。读者设想一下，假若将盖楼堂馆所的钱用于民生工程建设，是不是也同样能创造就业与税收？只是地方政府没有这样做，我们看不见而已。学者要是只看那些看得见的，而忽视看不见的，那你就被人忽悠了。

　　我曾多次说过，自己是一个从学校门到学校门的"两门学者"，没在基层工作过，也没在地方挂职历练。以上三招，是我根据自己之前调研出现的失误总结的，也可以说是教训，读者就当前车之鉴吧！

座谈与访谈

开座谈会是做田野调查的常用方式。我在中学时期就读过毛主席的《湖南农民运动考察报告》与《兴国调查》，这两篇文章，是我学习做调查研究的启蒙教材，也是我写调查（考察）报告的参照范本。并且从中我知道了调研的重要方法，是开座谈会。

当年毛主席写《湖南农民运动考察报告》，历时32天走村串巷，找农民座谈；而写《兴国调查》前，他请兴国县八位农民代表座谈了一星期。读大学时，我特别羡慕毛主席能找人开座谈会，而当时自己是一名学生，没有人肯跟我座谈，曾经深以为憾。

1992年我到中央党校任教，下基层调研的机会多了，也经常参加各种座谈会。结果我发现自己收获并不大。开座谈会往往郑重其事，通常由地方一把手主持，参会代表也准备了稿子，等他们念完稿子，我们调研组的领导再说些客气话表示感谢，会议就结束了。

对参加这样的座谈会，我感觉索然寡味。心想，毛主席当年召开座谈会应该不像现在这样子。那时他找农民座谈，农民不识字，不可能事先准备稿子，座谈会肯定是畅所欲言，实话实说。可今天不同，参会代表皆照本宣科，内容大同小异，怎能让人有大的收获呢？

1997年初，我担任中央党校经济学部副主任后，经常带队调研。有了话语权，在一次座谈会上我提出参会代表不要念稿子，改为漫谈。结果大家面面相觑，没人愿意先发言。冷场了几分钟，我只好让他们念稿子。散会后，有位代表告诉我，他的稿子经领导审改过，不念稿怕自己说错话呢。

我不适应这种座谈，其实别人也不适应我参加座谈。因为我总爱发问。不管对方职务高低，听不懂就问。1996年夏天，我参加国家某部委组织的调研，在一个座谈会上，一位省领导发言我听不明白，便当即发问。调研组同行人员大为震惊，说我胆大，省领导发言都敢提问。我说我是学者，不懂当然要问呀。

还有一次，我在西南某市调研时召开座谈会，市领导非常重视，让县委书记参加座谈。那天一位县委书记介绍情况，当他说到当年工业产值计划达到60亿元时，我有疑问。开会前，我查过该县上一年的工业产值是50亿元，若今年

60亿元，增长率将达20%。于是我问：你们县今年有哪些大型新开工项目？他听出来我不信他讲的数字，一脸尴尬。现在想，那天我本可以不问，而且他说了是"计划"数，可当时还是没忍住问了。

江山易改，本性难移。是的，爱发问是我天生的性格，自小如此，至今也改不了。事实上，有时候得罪了人我也后悔过，但后悔过后还是照问。在朋友间，我这性格尽人皆知，所以近20年来，他们的研究生学位论文答辩从未叫我参加过（一笑）。

我知道自己有这个"缺点"。后来我到各地调研，基本不开座谈会，而改为访谈，即找人聊天或做入户调查。我发现，在饭堂或者车上与当地官员聊天，气氛宽松，对方不用念稿子，我们就像朋友那样拉家常，我直问，他直答，这样往往有意外收获。

与当地官员聊天，若想了解真实情况，我有个绝招屡试不爽："角色换位"。具体讲，就是你不要直接问对方关于某件事的看法（对错判断），而请他介绍事件的背景、起因以及过程，然后你对案例作分析，说出自己的观点，并让他对你的分析作点评。把主动权交给对方，你同样也可知道他的看法。

在前面文章中提到过，2017年我在某县考察乡村振兴时，县委书记告诉我，他们通过招商引资，农村耕地已实现规模经营。我提出去走访几个村，他让县委办李干事陪我下乡。在车上我俩闲聊，李干事说他正在张村蹲点。我问他为何要蹲点张村？他说他岳父是村里土地流转的"钉子户"，县委派他去攻坚克难。

接过他的话，我分析说：耕地规模经营是大方向，但农民目前不愿转让耕地经营权，应该有两方面原因：一是土地流转价格定得过低；二是农民希望用耕地入股龙头公司，而不是转让。李干事听我这样说，话匣一下打开了，他给我详细介绍了农民的真实想法与各种担忧，那次闲聊，让我受益匪浅。

做入户调查，难度要相对大一些。要知道，农村的生活习惯与城市有差异，需要学者有较强的适应能力。而我从小生活在农村，习惯与农民同吃同住，这方面有明显优势。有一年在西藏牧区调研，司机达娃带我们去他舅舅家喝茶。他舅舅正在放羊，顾不上洗手就给我泡奶茶，同行的几位不喝，而我却喝了两大碗。离开后达娃竖起大拇指称赞我，我俩成了朋友。

还有一点，我认为也很重要。做入户调查，你要懂得如何与农民交谈，至少要背得出二十四节气，而每个节气应该种什么庄稼，最好能说得出一些主要农作物的生长规律。不然你和农民没有共同语言，对方不把你当兄弟，有陌生感，不仅听不到真话，恐怕连闲聊也聊不下去。

　　读者千万别误会，我说座谈不如访谈，是我的个人感受，或者说我自己更适合于做访谈，没有丝毫否定开座谈会的意思。有学者开座谈会就很成功，令我羡慕不已，可我却学不来。若有学者朋友跟我一样，不擅长开座谈会，那么就去做访谈吧。

调研别先入为主

学者做调研与官员做调研不同，官员是要了解实际情况或问计于民，解决具体问题。学者的目的有两个：一是寻找灵感与顿悟；二是从真实世界获得佐证自己学术观点的证据。前者要靠碰运气，可遇不可求；故多数学者是为了用事实验证理论。

无论出于何目的，学者都不可先入为主。我自己有前车之鉴。刚来中央党校任教时，觉得自己饱读经典，自命不凡。每次下基层调研，出发前我会先推理一番，并提出"推论"。到基层后，就寻找对自己"推论"有利的证据，回北京便很快写出报告，扬扬得意，可交上去领导却不满意，说我是闭门造车。

起初我心里不服。有一次参加学员论坛，我发表了自己的看法。不料也有学员说我脱离实际。我说：我做过调研，有事实支持。学员说：你用的事实只是个案，我也可举出事实不支持你的看法。我明白学员讲的是对的，验证理论不能靠证实，而是要证伪。只要有一个相反的案例，就足以推翻我的观点。

这件事让我深刻反思。是的，真实世界确实很复杂，任何一个观点，要找到可以证实的案例并不难，问题是证实的案例无法穷尽，而证伪却容易得多。自此以后，我改换思路，先假定自己的推论是错的，然后找反例证伪，而证伪不被推翻，才认为推论成立。

举个例子。学经济学的读者知道，经济学中有个"配第—克拉克定理"，意思是说一个地区产业结构越合理，第二、三产业的比重会越高。我之前对此深信不疑，也曾用这个标准衡量产业结构。2007年我到张家界做讲座，我看到一份资料，某县一、二、三产业比重分别为60%、10%、30%；而另一个县则是40%、40%、20%。我当即判断这两个县的产业结构不合理。

那天做完讲座，我对市委书记讲了我的看法。书记说，那两个县居民收入在全市并列第一。我很是吃惊。若果如此，岂不是推翻了"配第—克拉克定理"？后来我反复琢磨，发现此定理确实不是普遍规律，它要受经济发展阶段与分工范围等时空条件的约束。经过这件事，我不仅不再自以为是，也不再轻信书本上的理论。

所谓"理论之树常青"，是说理论来自实践，也能指导实践，可实践并非一成不变，理论也应该与时俱进。学者平时读书多，懂得的理论知识也多，这当然是优势，但若固守书本上的理论，刻舟求剑，优势则可能变成劣势，被人当作书呆子。

回溯经济学说史，每一次经济学取得重大进展，皆伴随着对前人理论的修正与创新。比如"边际革命"，是对经济学研究方法的创新，而"凯恩斯革命"，则是对萨伊定律的否定。当今经济学流派纷呈，观点相互对立，若固守书本，你会无所适从。

1848年，穆勒曾以"灯塔"为例提出公共品会导致市场失灵。而1974年科斯发表《经济学的灯塔》，指出只要界定产权，公共品不会令市场失灵。而萨缪尔森却不赞成科斯，认为即便明确界定产权，公共品也会因为消费不排他而难以收费，市场一定失灵。萨缪尔森与科斯皆是诺奖得主，你相信谁说的呢？

也许读者会问，我学的专业就是经济学，明知经济学大师的观点都有争论，当初我凭啥要先入为主？说来惭愧，那时我真认为自己有学问，没把别人放在眼里，更听不进与自己"推论"相左的意见。事实上，有时也怀疑过自己的观点，可为了维护"面子"，还是会固执己见。

我说这些，是要告诉年轻学者，做学术的真谛是发现规律，尊重规律。在规律面前，个人"面子"一文不值。若为了"面子"不愿听真话，排斥不同的观点，离"规律"会越来越远，哪怕你写文章再多，著作等身，也不会有人认为你有学问，甚至还会弄巧成拙。

讲一个真实的故事。1998年发生特大洪涝灾害后，灾区群众苦不堪言，而国内却有个知名学者说，洪涝灾害是好事，可扩大内需、创造就业。一时间，他便成了学界的笑柄，老百姓也破口大骂，说他没长脑子，胡说八道，是浪费粮食的假"专家"。

好了，让我再说说赴实地调研时如何听取意见。总结我自己以往的教训，最重要的，是要放下身段，诚心诚意地拜别人为师。记住，要诚心诚意，不能只是装装样子。要是假模假样装谦虚，那是自欺欺人，你瞒不过别人，基层官员聪明得很，他们会一眼将你看穿。

除了有诚心诚意的态度，同时还要全神贯注地听。你可以带上录音笔，当对方和你讲话时，不要埋头记笔记，要看着他的眼睛。你认为他讲得对时，要及时用手势或者眼神予以回应。如果他讲的你没完全听明白，也不要打断他，等他讲完后，你可以请他就某个问题做补充。

还有一点，开座谈会时，你对参会代表要一视同仁，不能有选择性地听。这一点也很重要。比如当某人发言和你看法一致时，你频频点头；而有人发言跟你的看法不一致时，你则心不在焉。你这样区别对待别人的发言，说明你潜意识里已以先入为主。没准与你不一致的观点，才是你需要重视的。

将心比心，倘若你参加别人主持的座谈会，你发表不同意见，主持人不重视你，甚至不正眼看你，你是什么感觉？古人说：己所不欲，勿施于人。学者在基层调研时，都应该牢记这条古训。

要会听弦外之音

学者到基层做田野调查，要会听弦外之音。所谓弦外之音，就是人们通常所说的"话中有话"，比如你在调研时，若有上级领导在场，基层官员讲话一般都会比较含蓄，若你捕捉不到他的言外之意，仅从字面理解，就难以了解他的真实想法。

学者写文章，要求语言准确，不能有歧义而让读者产生误解。若一个学者没有在基层生活或工作的经历，确实不容易听出别人讲话的弦外之音。我自己是如此，大多学者恐怕也如此。有朋友曾给我讲过一个故事，这里我也讲给读者听听。

话说某高校评职称，张老师任副教授满5年，想申报正教授。事前去征求院长意见，那天院长在办公室热情地接待了他，并对他说：你任职年限刚好够，我赞成你申报。张老师听了满心欢喜，认为有院长支持他，自己评上教授是铁板钉钉。

读者能听出那位院长的言外之意吗？若放在30年前，我听不出。结果，那年张老师教授没评上，去找院长讨说法。院长说：我赞成你申报，又没打包票你一定能评上。那位院长是我同学，他给我讲此事时直摇头，说张老师没听懂自己的潜台词，任职年限"刚好够"，其实是告诉他今年没希望评上，院里当时有7位任职10年以上的副教授正在等待评教授呢。

另一个故事，是我自己经历的事。有一天夜里十点，我接到电话。对方说：根据校领导指示，让你起草一篇文稿，你能承担吗？我以为是征求意见，便说自己正在赶写一篇论文，推辞了。第二天上午校领导让我去他办公室，问我：听说你不愿为校委起草文稿？我说：不是让我选择吗？领导苦笑，说我是个书生。

类似的事我遇到过不少。最初在基层调研，由于听不出弦外之音，还曾闹过笑话。2008年暑期，我到西南地区调研"三农"问题，座谈时有位农民代表发言，说县领导特别关心他，给他家母猪上了保险。大家哄堂大笑，而我却不知笑点何在，一脸茫然。县长解释：他在抱怨政府没给他上保险，讲的是反话。

这些年我常在基层行走，耳闻目睹，现在也能懂得听话外音了。2019年，我在华东某县做环保调研，走访一家农户时，主人当着县委书记的面，竖起大拇指给我讲，县领导抓环保真了不起，为减少污染，我们农民都不准养猪了。我一听便知是反话正说，在讽刺县领导。

是的，学者做田野调查，也要会听弦外之音。不然会错了意，写出文章会贻笑大方。可问题是学者怎样听弦外之音，有无速成办法？我可以肯定地说"没有"。就像作家搞创作需深入生活，学者也需深入生活，要学习群众语言，熟悉他们的喜怒哀乐。

从这个角度讲，下基层最好不要来去匆匆，也不要走马观花。要安排好时间，每到一处住上三五天，与当地群众同吃同住，打成一片。等与他们成了朋友，无论他们正话反说还是反话正说，你都能分辨出。如此持之数年，听弦外之音就不在话下了。

想想也是，在一个地方深度调研，的确要比走马观花好。前者是解剖麻雀，相当于深入生活，可以得到全方位体验；而后者则蜻蜓点水，点多面广，仅看到了一些表面现象，知其然而不知其所以然。甚至人家和你开个玩笑，你可能会当真；或者像我当年那样，对方说句笑话，却不知"笑点"在哪里。

若实在听不出弦外之音，我的办法是让对方讲事情的来龙去脉。比如"给母猪上保险"，那天我请那个农民讲事情的起因。他说，去年肉价上涨，城里有人吃不起肉，国家不让肉禽产品涨价；而农民觉得不合算，不愿养猪。为鼓励农民养猪，就给母猪上保险。我立马明白了。心想：若放开肉价，用给母猪上保险的钱补贴低收入者买肉岂不是两全其美？给母猪上保险确实是个笑话。

听弦外之音，我还有个办法，那就是把自己作为当事人摆进去。学经济学的读者知道，人的行为选择，皆是在成本约束下追求利益最大化。每次到基层调研，我皆会换位思考：假定自己是当事人会怎么做？然后听对方发言，看他的做法与我的想法有何不同？相同无疑是真话；不同也未必是假话，但我会用心甄别。

几年前到某民营企业调研，公司董事长给我们介绍：近三年公司履行社会责任，为社会捐赠超过一亿元。我问：你不是获得了市政府颁发的"慈善家"称号吗？他说：公司一直惨淡经营，这个"牌牌"不能用于抵押贷款，作用不大。我听出了他的言外之意，原来，公司捐赠大多属于政府部门摊派。

事非经过不知难。研究经济学数十年，我认为研究人不容易。人有思想、有情感，语言表达复杂无比。而芸芸众生，人们性格各异，有人说话言不由衷，有人说话亦真亦假，也有人话里有话。要是听不懂对方的弦外之音，不了解他的真实意图（需求），用需求定律推断他的行为选择，极有可能南辕北辙。

　　然而困难在于，听懂弦外之音并无万灵的办法，也无捷径可走，只能靠学者自己在调研过程中摸索总结。这里我要特别说明的是，本文所提到的几种方法，都是逼出来的，对我自己有用，对别人不一定管用。读者只能作参考，不可照搬，否则用起来不灵，你可不能怪我。

告别本本主义

经典著作是人类智慧的结晶，也是人类共同的文明成果。学者做研究当然要重视读经典，但学者却不能"言必称希腊"，搞本本主义；相反，应走出象牙塔，多参与社会实践，让理论对接实践，指导实践，推动理论创新。不然，理论便会失去生命力。

在《调研别先入为主》（已收入本书）一文中，我说：之前我做调研是先用经典中的某个结论，提出自己的判断，然后到基层找例证，其实这是典型的本本主义作祟。求学期间，我读经典，背经典，却从没怀疑过经典的结论。即便读不懂，也只是觉得自己蠢，不会认为经典有错。

我所说的本本，除了经典，还包括政府的各种政策规定。大学时期，我一直认为国家计划是神圣的，任何企业（个人）皆不能冲击国家计划；政策规定也如此，只要国家未对政策做调整，便是学术研究的禁区，不能探讨，更不能对国家政策提改进建议。

脑子里有这种认识，是受一件事的影响。事情是这样的：1982年，有位学长写毕业论文，题目是《论发展社会主义商业信用》，结果引起一场轩然大波。按当时政策规定，只可以发展银行信用，不容许发展商业信用。虽然1978年开展过"实践是检验真理唯一标准"的大讨论，可不少学者仍固守政策（本本），结果，那位学长硬是被取消了答辩资格。

此事过去多年后，我仍心有余悸。凡是马克思没讲过的，我不会去思考；国家政策无明文规定的，也不会写文章。而且那时候报刊上的文章，都大段引用马克思的原话，似乎不引用就缺乏说服力，作者也没有安全感。我的学生时代在这样的学术环境里度过，崇尚本本主义也就不足为怪了。

回想起来，我告别本本主义，转折点是在1992年。那年春天邓小平发表"南方谈话"，提出了"生产力标准"，明确指出社会主义有市场（经济）。邓小平这个谈话，振聋发聩，让我开始调整自己的学术路径，尝试从"本本"中跳出来，转向研究现实问题。

也是无巧不成书。1995年罗伯特·卢卡斯获得诺贝尔经济学奖后，诺贝尔奖委员会主席魏林评论说："卢卡斯已使20世纪70年代前的大部分经济理论站不住脚。"而美国著名经济学家艾克纳也公开宣称："经济学的某些重要命题，还不能用事实证实。"

看到魏林与艾克纳这样说，更加坚定了我告别本本主义的决心。于是我将研究重心放在两方面：一是对西方经济学作系统反思，2016年我出版的《经济学反思》，便是其中成果之一；二是跟踪研究中国改革开放实践。2005年至2010年，我先后出版了《中国的难题》《中国的选择》《中国的前景》。

事实上，到20世纪末我已不盲信书本，不过从1992年至2000年，我的转变是痛苦的。之前读苏联科学院经济研究所编的《政治经济学教科书》，脑子里有个根深蒂固的公式：社会主义＝公有制＋计划经济＋按劳分配。1995年，中央提出国企改革"抓大放小"。所谓放小，其实是让国有中小企业改制。当时我忧心忡忡，担心此举会动摇公有制根基。

1996年夏天，我赴山东、辽宁等地考察改制企业。结果我惊喜地看到，改制企业大多起死回生，并焕发出勃勃生机。我忽然意识到，苏联教科书有的内容是错的，中国的改革不能照搬本本。后来我去南方考察，所到之处企业改制也风生水起。各地改革的成功实践，让我终于从本本主义桎梏中解脱了出来。

我现在不盲信本本，还有一件事点醒了我。1997年爆发亚洲金融危机，国内出口受阻，产品严重压库。这时候有企业推出一项举措：老百姓购买消费品，可以分期付款，而且国家也出台了鼓励政策。显然，购买消费品分期付款是属于商业信用，这又让我意识到，政策规定并非禁区，可以讨论，也可以创新。

是的，我们这一代学者大多有类似的经历。这样看，年轻学者比我们这一代人要幸运，不曾为"本本主义"所累；可肩负的责任比我们重。改革已进入深水区，需要年轻学者立足中国国情，潜心研究，为国家富强贡献自己的真知灼见。

写到这里，有句话我不知该不该对年轻学者讲。考虑再三，还是想说出来。在我认识的年轻学者中，很多人没读过经典，而专注于学习各种计量分析方法。计量分析方法固然重要，但不应忽视读经典。经济学研究包括理论、政策、技术三个层面：经典著作是理论（思想），计量方法属于技术（工具）。若一个学者只懂技术而不懂理论，无疑是一大缺陷。

读者也许会觉得我自己告别本本主义，却建议别人读经典是自相矛盾。其实两者并不矛盾。读经典不是要盲信某个结论，而是学习经典作家的思维方式。如果脱离实际照搬某个结论，是本本主义；学习掌握重要的分析框架，则是研究经济学的基础训练。没读过经典的年轻学者，要尽快补齐这一短板。

　　最后我要提醒年轻学者，读经典很容易入迷，切不可盲信作者的每一个观点，要有独立思考，避免重蹈我当年的覆辙。去年6月我出版了《通向繁荣之路：经济学家为什么争论》，读者翻一下这本书就会发现，经典作家的观点并不一致，甚至相互对立，所以你读经典时要仔细辨别，不可照单全收。

　　读者要知道：经典作家是人，是人皆可能出错，任何时候我们都不能搞本本主义。

厚积薄发

莫以数量论英雄

告诉读者一个秘密，经济学期刊我有三不看：一不看自己熟悉名家的文章，时常在各种会议上碰面，他们什么观点我知道；二不看两个以上作者合写的文章，理论创新需独立思考，作者超过两人基本属于平均数，不会有多大创新；三不看学生让导师挂名的文章，导师不挂名，刊物可能不会发表。

读者可能会好奇，我平时看谁的文章？你应该想不到，我看的是那些不出名学者独立署名的文章。因为不出名，作者若无真知灼见，刊物不会刊登；因为独立署名，说明是作者自己的研究成果。用这种"逆向思维法"看文章，对读者是否有启发？

我不看名家的文章，其实还有一个原因：名家发表的文章太多，每篇皆大同小异。当然这也不能怪名家。学术刊物追求名人效应，希望发表知名学者的文章。而面对编辑约稿，名家分身无术却又盛情难却，迫不得已，只好将以前的观点再换一种写法交差。

言归正传。我写这篇文章，是要劝年轻学者不要以文章数量论英雄。据我所知，比文章数量，在国内应该是始于40年前。那时"文革"刚结束，许多学者被耽误了十年，重新回到学校没有职称。而评职称学者之间有竞争，有竞争就得有竞争规则，于是比"文章数量"成了标准。谁发表文章多，就给谁先评职称。

当时之所以这么做，客观分析也是事出有因。十年动乱期间，不少学校停课或停办，有的学者被打倒蒙冤入狱，有的被下放劳动改造，长时间脱离学术岗位，谁也没写文章。而相对来说，学者评职称比文章数量，大家也觉得公平。读者想想，那时候若不比数量比什么呢？

比数量的做法，就这样一直沿袭下来了。记得1992年我参评职称时，校方对论文与专著数量有刚性规定，不够数一切免谈。1995年，我担任校职称评审会（高评委）委员，在评审现场看到送审作品堆积如山。我仔细看过一位同行的论文，发现他仅一个观点，10多篇文章皆是改头换面，发在不同刊物上。

到1999年，学校对"以数量论英雄"的评审办法作出改革，每个学者只能拿两篇文章参评，重点看质量。我以为大家以后不会再比数量，可事实并非如此。学校每年要统计科研工作量，若文章数量不够，科研考核过不了关，所以时至今日，学者仍在追求数量。

我曾看到一篇文献，说50年前欧美名牌大学并不像今天这样比文章数量。一流学者一般每年只写一篇；二流学者写两篇；超过两篇的，都是三流或末流学者。可不是吗？写论文必须有0—1的创新，不像写随笔或评论，是不可能高产的。

10多年前我访问牛津大学时，曾问过一位教授此事是否是真的？他告诉我，20世纪70年代之前确实如此。如果某学者提出了原创性观点，算一篇文章；若只是推翻别人的观点而未提出自己的观点，只能算半篇。他的意思是，要是学者既无原创性观点，也未推翻别人的观点，无论写多少篇文章都不算数。

若照这个标准，一个学者一年能写一篇文章，就已经十分了不起。可为何现在的学者一年能写出好几篇呢？对此只能有一个解释：那些高产学者的文章，没有原创性（0—1）贡献，而属于1—10的复制。请问学者做研究不创新，写文章除了求得虚名，还有何实际意义呢？

我是过来人，年轻时也追求过数量。如今痛定思痛，追悔莫及。要知道，人的生命有限，做选择有机会成本。年轻时选择多发文章，忽视质量与创新便是代价。而错过了自己创新的最佳期，代价实在太高了。今天的年轻学者要引以为戒，否则会得不偿失。

最近我突发奇想：学者发文章有点像央行发钞票，钞票发多了会贬值，导致通胀；文章发多了也同样贬值，造成学术泡沫。经济学家科斯一生只写了10余篇文章，篇篇皆经典，今天学者还在读。反观某些高产学者的文章，早已是明日黄花，一文不值，不是学术贬值是什么？

不仅如此，追求数量还会造成学术不端。有人自己写不出文章，就去剽窃或者抄袭他人成果，被揭穿后，反而搞得声名狼藉。更糟糕的是，学者想多发文章，可学术期刊容量有限，僧多粥少，于是有人四处托关系去行贿主编。我认识某学术期刊的一位主编，就是因为受贿金额大而被法院判了重刑。

追求数量积重难返，问题是有办法扭转吗？思来想去，我认为唯有从制度层面改革。比如评职称不再比文章数量；年度考核也不再规定文章数量。数量多不代表学术水平高，规定学者每年要写多少篇文章，不符合科学研究规律，是计划经济思维，不可取。

当年梁启超向清华大学校长举荐陈寅恪先生，称自己所有著作加起来，也比不过陈先生一篇500字的文章。后来，陈寅恪果然成了"前辈史学四大家"之一。他没有文凭，著述也不多。因为他给自己定的规矩是：前人讲过的他不讲，自己讲过的也不讲。这个规矩，我觉得很值得今天学界同仁仿效。

　　前不久我又听说，目前有些院校对学者在某些刊物上发表文章给数量不等的奖金。莫名其妙，这不是鼓励比数量吗？给学术文章评奖我不反对，但不能比数量而要比质量。发表一篇文章就给作者奖金算怎么回事？我看还是尽早取消为好。

专家与杂家

大约7年前，一位年轻学者经朋友引荐造访我，见面后他自谦，说我是专家，他自己是个杂家。我脱口而出：你真不谦虚呀，杂家要比专家厉害呢。他知我是开玩笑，赶紧改口，说自己也不算杂家，只是平时喜欢乱读书，杂而不专，把专业荒废了。

我说的是真话，自己历来高看杂家。有一年我招收博士生，有位考生连考了四年，最后一次成绩才合格。面试时，我问他：你为何前三次没考上？他说自己好奇心太重，什么学科的书都看，没有集中时间备考。我问他读过哪些学科的书，他想了想说：老师应该问我，哪个学科的书我没读过，只是我读的都是些基础知识，比较浅。我看他是个"杂家"，录取了他。

杂家与专家，其实很难区分开。在普通人眼里，你上过大学，有高级职称，就是专家。而在学者看来，你在专业领域对某个专门问题有建树才是专家。比如在经济学领域，有财政专家、金融专家、价格专家、成本专家、产权专家等。这是说，一个学者若对上面的问题都研究，同行往往会认为他是杂家。

若从学科角度讲，在文史哲经等人文学科中，一个学者若只研究经济，那么他是经济学专家；但若他同时也研究文史哲经，则他是杂家，若还研究数学、物理、生物，他便是一个大杂家。古往今来，大多名垂千古的学者，都是大杂家。中国的孔子是，外国的亚里士多德是，马克思也是。马克思不仅研究经济，也研究哲学、法学、伦理学等。

不知从何时起，人们开始推崇专家，而轻视杂家。大学里分设文科与理科，而文科的专业也越分越细。后来发现，这样培养出来的专家，往往坐井观天、视野狭窄。以经济学科为例，研究价格的不懂金融；研究金融的不懂价格，甚至有专家闹出了"老百姓买不起猪肉就多吃牛羊肉"一类的笑话。

时至今日，"专家"变成了许多人口中的贬义词。特别是在互联网上，若有人批评某学者为"专家"，其实是说他讲话不过脑子，信口雌黄。官场也如此。若某官员被人们称为"专家型干部"，则是说他只会耍嘴皮、说空话，不懂得实际，更解决不了实际问题。

平心而论，有些学者知识面窄，有主观方面的原因，但现行"应试教育"也难辞其咎。高中开始分科，大学里专业分得更细，内卷压力也大。为应付考试，学生整天忙于刷题，基本顾不上读非专业书，多数学生毕业后只能当专家。从政的官员更难，进机关之初专业尚可对口，可等当上了局长，需管一个面，以前的专业知识不够用，于是只好靠拍脑袋做决策。

我观察过，朋友中先成杂家而后成为专家的例子很多，而专家成为杂家的却少见。读者知道为什么吗？我告诉你吧：因为杂家成专家相对容易。杂家本来博览群书，只要花几年专注于某问题，多写几篇文章，在别人眼里便是专家。当初我刚出版一本书，有人称我专家，起先还诚惶诚恐，可时间长了也就心安理得了。

相反，专家想成为杂家却难于登天。人到中年后，上有老下有小，白天上班，晚上要辅导孩子作业，自己哪有时间读书呢？再说也错过了读书的黄金期，记忆力已大不如前，前一天读的书，第二天可能会忘得干干净净。我自己年轻时读书，可以过目不忘，而今天刻意背的文章，过不了多久便烟消云散。

我有位同事，40岁左右就在学界崭露头角，小有名气，他曾计划用一年时间静心读书，可不到一个月就放弃了。他说读过一本书，也写了笔记，可完全记不住。听别人讲起来好像有印象，自己却说不出。这大概就是人们所说的记忆有生命周期吧，随着年龄增长，记忆力衰退是自然规律，谁也不能抗拒。

这就是了。所以我要提醒年轻学者，要先让自己成为杂家，而后成为专家。我的经验：只要一个学者将自己研究方向聚焦到某个点，点越小越好，打攻坚战，如此持之三五年，每个人皆可成为专家；而若想先专后杂，一旦错过了记忆力黄金期，恐怕是悔之晚矣。

年轻学者要成为杂家，我给你的第一条建议，是按自己的兴趣读书。千万别画地为牢，不必分专业书与非专业书，也不要担心别人说你不务正业。听我的，只要你有兴趣读某本书，你只管读好了。兴趣是最好的老师，要是把自己感兴趣的书读懂了，掌握了好的读书方法，触类旁通，你读专业书会有如神助。

同时，读书也先不要管有没有用。人们通常认为读专业书有用，可很多人后来并未从事该专业；而当初认为没有用的书，反而能帮到你。达尔文是生物学家，他读亚当·斯密的《国富论》，看似对他没有用，而他却从中受到启发，根据斯密关于市场竞争"优胜劣汰"规律，提出了著名的生物进化论。

此外，年轻学者要成为杂家，除了自己多读书，还要广交朋友。古人说："三人行，必有我师。"是的，每个人都有知识盲点，而在某方面却可能知得多，有特长，若你认识的朋友多，则应兼收并蓄，学他们的长项，弥补自己的短项，持之以恒，你慢慢也会博古通今成为一个杂家。

最后再说一遍。我既敬重专家，也尊重杂家。只是我认为年轻学者最好先当杂家，再当专家。次序不同，到底如何选择，请读者自己三思！

别总想当学霸

我写这篇文章是想和青年学子说说心里话：同学们不要总想当学霸。并非吃不着葡萄就说葡萄酸，学生时代我也算是学霸，从中学、大学一直到博士毕业，逢考必成，从未失过手。不是说自己聪明过人，而是心理素质好，应付考试总有好运气。

读小学时我不算用功，但考试成绩却非常好，好到超过我自己的想象。回想起来，主要原因是父母目不识丁，从不过问我考试成绩。没有压力，所以我不怕考试。奇怪的是，本来平时不会做的试题，一旦考试会莫名其妙来灵感将题做出来，而且答案还对（一笑）。

记得考研究生时，有道几何题超出教材范围，前排考生急得抓耳挠腮，而我特别冷静，忽然想起曾读过的一本课外书《笛卡尔几何》，来了灵感，按照那本书讲的方法，我证得八九不离十。后来数学老师问我，那道题其他考生都没做，为何我能做？我实话实说，自己是蒙的。

我有个初中同学，住在同一个村，读书比我用功，也比我聪明。他父亲特别重视他的考试成绩，久而久之，他对考试产生了恐惧心理，小考还行，大考必怯场。我大学毕业那年，他还在参加高考，而且最终也没考上。后来他通过自学，做了一所中学校长。无论师德还是学识，在当地皆有口皆碑。

这样就带来一个话题：什么叫成功？是否只有考上大学才算成功？当然不是。我读过李长之写的《李白传》，李白几乎没进过学堂，一生无科举、无官学、无文凭，可他靠自学成了唐代最伟大的诗人。当代作家沈从文、画家黄永玉也没上过大学，你能说他们不成功吗？

另一个大家熟悉的例子。比尔·盖茨当年考上了大学，而且是名校，可当他感到学校所教内容不适合自己时，便毅然退学，创立了"微软"公司。"微软"今天在地球上家喻户晓，取得了巨大的成功，而比尔·盖茨本人也成了当时的世界首富。

可见，条条道路通罗马，成功并非仅有上名校一条路。只要扬长避短，将自己优势做强，一样可以成功。卓别林长相滑稽，比较丑，小时候总被人笑话，而他从事喜剧表演，恰恰成了优势。赵本山年轻时村里人说他干农活不咋样，光会耍嘴皮子，可他硬是把嘴皮子耍上了央视春晚，火遍大江南北。

　　同学们不要误会。我并不反对你们考高分、上名校，而是让你们别总想着考高分，要懂得权衡"成本收益"。我认识一位同学（高中在读），小名牛牛，跟我学过经济学。我问他为何不专心自己学业当学霸？他说当学霸成本太高，一门功课考到95分，再往上提一分需花双倍的成本（时间），不合算。

　　牛牛的意思是，若他选择得满分当学霸，就得放弃读课外书，成本是知识面窄，高分低能；若选择博览群书，成本是得不了满分，当不成学霸。两者只能居其一，不可能同时得兼，所以他选择不当学霸。同学们要想清楚自己的优势所在，当学霸好比在悬崖峭壁采灵芝，少数人能采着，多数人采不着。

　　经济学家弗里德曼说过，学校教育除了提供知识，还有两大功能：一是考试；二是交往。考试本身不是目的，只是手段。任何人考试不可能万无一失，有时考得好，有时考得不好，这样反复折腾，是要让学生经历挫折与失败，磨炼意志力。学校鼓励同学间交往，相互帮助，则是为了培养学生的协调能力与服务意识。

　　同学们看明白了吗？考试不是目的，是学校在有意折腾你，训练你承受挫折的能力。既然如此，你何不允许自己偶尔有失误，主动地承受打击呢？如果你少刷些题，多花点时间和同学玩耍，多学习别人身上的长处，这样你的协调能力会不断增强，视野也会更开阔。

顺着弗里德曼的观点推，现在我有个看法，大学生应该谈恋爱。同学们不要小看了这件事，谈恋爱可以全面提升一个人的协调能力。我有两个博士生，不属于学霸类，读本科时都当过学生会主席，毕业后干得风生水起，不到40岁，一位做了一家国有上市公司的总经理，一位做了央企办公厅主任。我问过他俩有何秘诀，他们说：一是读书时没当过学霸，做学生会工作多；二是在大学里谈过恋爱，学会了为人民服务。

可不是说笑，他们说的是真话。现在有些家长反对子女在大学谈恋爱，其实是错的，相反应该鼓励。我两个朋友分别有一儿一女，10年前，两个孩子去英国深造，后来相爱了，念博士时两人准备结婚，可女生父母反对。男生读本科时有恋爱失败经历，倒也坦然，可女生是学霸，经不住打击，结果神经失常，酿成了悲剧。

回头再说学霸。若你天赋异禀，考试不用拼尽全力便可轻松得满分，你无疑是个天生的学霸，我要恭喜你；可若你怎么拼也成不了学霸，你也要放平心态，欣然接受。告诉你吧，等大学毕业进入社会，没人会问你的考试分数，那些对考高分念念不忘的人，多半是高分低能、怀才不遇，你信不信？

　　如果哪个同学将来打算从事人文社会科学方面的研究，那么你趁早要广泛读书。功夫在诗外，切莫为了当学霸，整天啃那几本教材。我说过，年轻人先要成为杂家，然后再成为专家。只有究天人之际，通古今之变，先博而后专，你才能做出大学问。

学者要善于认错

做学术研究是一个不断试错、逐步逼近真理的过程，出错在所难免。像诺奖得主萨缪尔森这样大师级的学者，也同样出错，他在风靡全球的《经济学》（1961年版）中预测："苏联经济将在1997年赶超美国。"可是到1991年，苏联却解体了。

人非圣贤，孰能无过。可时下学界有一种怪象，有的学者明知自己错了，但却为了所谓"面子"，无理也要辩三分；甚至以"自圆其说"做借口，完全排斥别人的意见。我早年认识这样一位学者，年轻时才华横溢，可就是不肯接受别人质疑，把大量时间用于"自圆其说"，结果到退休，学术上也毫无建树。

在我看来，这样的学者并不聪明。既然有人已经证明你的观点错了，告诉你此路不通，而你也意识到了走不通，何必在一条道上从早走到黑呢？若改弦易辙，另辟蹊径，也许会柳暗花明。所以，我认为那些忙于"自圆其说"的学者，是自我安慰、自欺欺人。

应该说，我自己是幸运的。读研究生时，两位导师都很开明，善于认错。有一次，硕士导师王时杰教授让我帮他校对一篇论文校样，我发现有一组数据与推论不太吻合。问他是否数据有笔误。他重读一遍，当即承认自己推论错了，并撤下了那篇文章。

我跟随宋涛教授读博士时，宋老已80多岁高龄，德高望重。可他总对我说，学术讨论没有师生之分，只服从真理，我俩完全平等。起初我将信将疑，后来他帮我改论文，有一处我认为他改错了，据理力争，宋老站起来说：是我错了，你是对的。

两位导师言传身教，让我对自己的学术观点也不敢盲目自信，只要认识到是自己错了，便立即认错。多年来我有一个习惯，每写出一篇文章，会分别请同事、朋友、博士生提意见，如果他们证明我是错的，我会照单全收；如果未能说服我，我也会作反思：为何对方不认同自己的分析，是否真的错了？

也是听从两位导师的教诲，研究经济学数十年，我没写过一篇回应别人质疑的文章。自己秉持的原则是：错了就认错，没错任评说，哪怕面对不公正的批评，也不回应，更不反驳。今天回头看，我没把时间浪费在无谓的争论上，应当是明智之举。

记得 1988 年我离开武汉来北京求学前，王时杰教授和我有一次长谈。那天他讲了一个故事，故事的主人翁我也认识，他讲这个故事的良苦用心，是要教导我做学术研究不要拳打脚踢，面对别人的批评，即便别人不对也不要与之争辩，更不要故意制造争论。

我后来不参与争论，正是听了这个故事。事情是这样：改革开放初期，有位学者总写商榷文章，且专门商榷知名学者，希望引起学界关注，可那些名家却不回应。没达到目的，于是他就用笔名写文章与自己商榷，然后再反商榷。后来编辑从字迹判断出商榷双方是同一人，"把戏"被戳穿，他成了同行的笑柄。

学术可以质疑，也可以争论，但我认为不应该为了争论而争论；被质疑一方也用不着作回应。明智的做法，是"有则改之，无则加勉"。读者想想，如果真是自己错了，干吗要为自己辩护（争论）？如果自己没错，写文章为自己辩护岂非多此一举？

美国作家马克·吐温说过：千万别跟愚蠢的人争论，否则你会变得跟他一样愚蠢。多年前我读到过一位高僧与香客的对话，颇受启发。香客问高僧：人怎样才能得到快乐呢？高僧答：不与愚蠢的人争论。香客说：你这看法不对。高僧说：是，你是对的。读者好好品味上面这番对话，也许你也会受到启发。

当然，我不主张学者参与争论，并非让你不分对错，随波逐流。我的意思是，当自己的观点被人质疑时，你只需要认真听，无需辩解。前面我说自己的两位导师善于认错。事实上，我所认识的不少学界同仁，认错速度也快如闪电，可堪称"认错高手"。

20年前，我应邀参加广东"省长对话会"。坐我旁边的一位学者在会上发言，分析广东的比较优势，而他讲了几分钟，都是在拿广东与外地比。我不经意说了一句：你讲的是绝对优势。他立即说：对，我讲的是绝对优势。认错之快，当场恐怕没人感觉出他已经认错。

我观察过，学界存在这样一个现象，也可以说是个规律。但凡认错快的学者，学术观点一般不会错得太离谱。因为这类学者心胸豁达，从善如流，学界的朋友多，大家也敢为他指出错误。结果这些学者反而少走了弯路，也赢得了同行的尊重。相反，那些自以为是的学者，整天在那里怨天尤人，闷闷不乐。

上面这个规律，古人早就为我们总结过了："满招损，谦受益。"毛主席也说：卑贱者最聪明，高贵者最愚蠢。的确，若一个学者高高在上，唯我独尊，其实是最愚蠢的，这种致命的自负，最终的结果必然会得不偿失；而那些能放低姿态，善于认错的学者，才是最聪明的，在学术上才能有大作为。

　　我是过来人，在学术道路上也曾经历过风风雨雨。这篇文字是自己的肺腑之言，但愿能对年轻学者有所裨益。最后作为本文结语，我将但丁《神曲》里的一句名言转赠给读者：“走自己的路，让别人去说吧。”

编教材的三条准则

对编教材的事我历来看得神圣。当年我读本科用的经济学教材，是宋涛教授主编，后来我考宋老的博士，读过他编的教材是重要原因。1985年在武汉座谈会上第一次见到宋老，我们交流的主要话题也是那本教材。可以说，是宋老编的教材指引了我，并决定了我的职业选择。

我1992年到中央党校任教后，曾有多次编写教材的机会，而我却总是推辞，很多同事不知何原因。其实，并不是我不想编，而是不敢编，担心自己编出的教材瑕疵太多，误人子弟。绝非故作谦虚，人贵有自知之明，我有几斤几两，自己确实很清楚。

可大约20年前，我的看法改变了，可以说一百八十度大转弯，也许是当时粗制滥造的教材太多，自己已变得麻木，先前对编教材的那种"神圣感"，已荡然无存，对编教材也完全失去了兴趣，所以我从教30多年，没参加任何一本教材编写。

不便具体说出谁编的教材不好，点名道姓不合适。总体讲，教材编写有些杂乱是事实。以经济学教材为例，地方高校不说，单就党校系统就有几十种。不仅版本多，而且越编越厚。究其原因，是老师评职称要出书，要比出版的字数。

当时教材版本多是一方面，同时编写也不规范。有些教材的编者假借编书之便，常常把自己的观点编进教材里，到处可见"我认为"。这样，若别的教师不同意你的观点，当然不会用你编的教材，编书没有人用，劳师动众却成了一沓废纸。

问题是，怎样的教材算好教材呢？我没编过教材，本不应妄加评论。然而半生读书教书，一本教材好不好，自认为能分辨得出。在我看来，一本上佳的教材至少要符合三条准则：第一，主编应是本学科领军人物，具有较高学术地位；第二，框架体系要完整，有内在逻辑，文字表述准确；第三，内容相对稳定，既海纳百川，又不是大杂烩。

主编为何需要有较高学术地位？说来其实简单，教材不是个人专著，你自己写专著，文责自负，怎么写别人管不着，可教材不同于专著，不仅教师要照着讲，学生也得照着学，这种对他人有强制性的教材，怎能没有高人把关呢？经验说，主编的学术地位与教材质量直接相关，主编有权威，教材就有权威。

当然，话也不能说得太绝对。初出茅庐的学者，也可能编出不错的教材。但一般来讲，名家当主编对教材把关会更严。他们不仅把关能力强，而且更不敢掉以轻心。对名家来说，出书事小，名节事大，要是编出的教材瑕疵太多而坏了自己名声，那才是得不偿失。这样看，名家编教材的压力要比普通学者大很多，普通学者名不见经传，即便教材编得不好，也没啥代价，无所谓；但名家若编出劣质教材，则会千夫所指，引起公愤。

再说教材的框架体系。框架设计有个重要原则，即突出主线，章节之间要有内在逻辑。换句话说，从第一章到最末一章，都应紧密围绕主线，由表及里，由浅入深，步步深入，逻辑井然。这不仅符合人们认知世界的规律，也是我们学习知识的一般路径。

读者可以回想一下，读小学时我们学数学，是不是先从学习加减法开始，然后才学乘除法，再后来才学更复杂的运算？如果教材不这样编，一开头就学微积分，学起来岂不是难于登天？

《资本论》是我读大学时的重要教材。马克思就是从最简单的"商品"开始，从商品二重性到劳动二重性，从单个资本再生产到社会资本再生产，从生产、交换到分配、消费，这样一步步展开分析。反观当下某些教材，篇章结构像一个拼盘，章与章不搭界，看不出关联。而有的则是将"问题"分成几个方面平设篇章，这样貌似有逻辑，但实际是一盘散沙。

至于教材内容相对稳定，是指对编教材要有取舍，要力求科学（正确）。不能把教材当个筐，啥都往里面装。一本好的教材，个别内容可以修订，但不能被颠覆性地推翻。因此，在主体框架确定之后，哪些理论（观点）进教材，哪些不能进，编者需有鉴别力，要慎重选择。

对如何选择教材内容，我认为有一个基本的原则，只能把学界普遍认同的理论原理和已被实践反复证明正确的理论观点编进教材，那些存在争议尚不能确定对错的观点，一律不能进教材。否则某个观点一旦被质疑，甚至被推翻，教材就得改，这样不仅教材难以保持稳定，权威性也会大打折扣。

与此相关，还有个误解要澄清。我相熟的朋友中，有不少人以为把自己的观点编进教材，便能广为传播而得到学界认可。其实不然，你的观点若不正确，经不起时间考验，就是写进去也不可能被大家接受。相反，如此假公济私除了令人反感，还会贬损教材的科学性。

所以我要特别提醒年轻学者，假若你日后有机会主编教材，绝不可唯我独尊，更不要夹"私货"。古今中外历史表明，学者唯有恪守职业操守，以科学态度传播科学，方可赢得人们长久的尊敬。

别太在意刊物级别

　　我劝年轻学者不要太在意学术刊物的级别，有人批评我站着说话不腰痛，说我是大教授，可以不在乎刊物级别，而年轻学者要评职称，不在意怎么行？我当然知道现在评职称对发表文章的刊物级别有要求，请读者少安毋躁，听我细细道来。

　　读者知道国内学术期刊级别是怎样确定的吗？一般来说，每个学科分权威期刊（顶刊）、核心期刊、非核心期刊等三类。我在中央党校分管过职称评审，看过北京大学、南京大学排的期刊目录，据介绍，划分的主要根据是刊物的"影响因子"。

　　然而我却发现一个有趣的现象：北京出版的学术期刊，若办刊机构属于正厅级，一般都能进入权威期刊方阵，而"985"财经大学学报，可进入核心期刊方阵。我想，难道是北京地理位置和行政级别与"影响因子"存在某种关联？或者说只是一种巧合？

我想到的答案：北京是首都，社会关注度高；而办刊机构行政级别高，给人印象学术质量也应该高。而一旦有了这种思维定式，全国知名学者都愿意在北京学术期刊发表文章。知名学者的文章容易被转载或引用，北京的期刊也乐见其成，于是便形成良性循环。

用"影响因子"给学术刊物排座次，是国际通行做法，不过近年来不断有学者质疑。比如"影响因子"的统计，通常是用近两年刊物被引用的"论文数"除以同期发表的"文章总数"。可有些有重大创新文章，刚发表时曲高和寡，引用往往不多，这样可能拉低刊物"影响因子"，你能说刊物质量下降了吗？

再想深一层，一本刊物质量高，并不能代表每篇文章质量都高。我读过某权威期刊，里面有些文章得出的结论，其实都是众所周知的常识，作者用极其复杂的数学模型论证常识，纯属画蛇添足。虽然该刊是顶刊，但刊登这种花拳绣腿的文章，实在不敢让人恭维。

前不久听一位学者说，他一篇文章投给某期刊，编辑要求引用该刊发表过的文章。编辑的用心我理解，是要提高刊物"影响因子"。可时下这种引用，形式大于内容：学生"引"导师，师兄弟（姐妹）相互"引"，自己"引"自己，差不多已是潜规则，甚至有人投其所好，不管是否需要，硬

"引"所投刊物上的文章。

想问读者，你明白了"影响因子"是怎么回事，还会在意刊物级别吗？再说了，你在意人家级别高的刊物，可人家刊物不在意你，一厢情愿有何用？倒不如先将文章投给能够认可你的刊物，假以时日，等你有了"江湖地位"，那些大刊会上门向你约稿呢。

当年我读研究生时，也给几家权威期刊投过稿，结果屡投不中。读博士期间，在几家学报发表了十来篇文章后，突然一星期内收到了《经济研究》与《世界经济》的用稿通知。前后我差不多等了五年。今天的年轻学者也要耐心等，一直等到水到渠成，等到时来运转。你的文章要是金子，总有一天会发光。

经济学家科斯是典型例子。他那篇《社会成本问题》，1960年发表在芝加哥大学的《经济与法律学报》上，当时在美国，该刊绝对不算大刊，要是在我们国内，顶多也就是正处级，且发行量仅500本。可1991年科斯却以该文为代表作获得了诺贝尔经济学奖，如今已成为经济学与法学领域的重要经典文献。

另一个例子。1957年，美国经济学家阿尔钦写过一篇讨论"投入与产出"的文章，本来鼎鼎大名的《美国经济学报》已决定采用，可当时他的老师要出版一本论文集，希望他提供文章，于是他毫不犹豫地推却了顶级名刊。后来事实证明，该文在学术界的影响，甩那本学报上的多数文章不止几条街。

所以，年轻学者不必急于求成，要学会等。也许读者会问：要是我自己要评职称，不在大刊发文章便没有入场券，我能等吗？这问题多次问过自己，我觉得我能等。既然自己无能为力，就不如顺其自然，专心做好自己的研究，等积累了足够能量，一飞冲天。

而我倒是想问问学术机构的头头，是否可以改一改现在的职称评审办法。权威大刊一共就这么几家，让年轻人千军万马挤独木桥，何苦呢？前面说过，权威大刊发表的文章并非篇篇都好。事实上，评价一篇文章的质量，并不是只有这一个办法，也可请同行专家评审，或让作者答辩。为年轻学者网开一面，不是更有利于他们成长吗？

权威大刊也要改革，不能一味追求"影响因子"，也应注重提携年轻学者。学术需要薪火传承，刊物编辑，特别是主编不能目光短浅，为了提高"影响因子"而不给年轻学者机会。名家的文章当然要发，但同时应留出版面发表年轻学者的文章。

这里我要发几句牢骚。现在学术期刊皆实行双向匿名审稿，此法是从国外抄来的，貌似公允，实则弊大于利，极容易扼杀创新。我相熟的一位年轻学者，将文章投给某学术刊物，主编看后觉得写得好，但得走盲审流程。两位审稿专家，一位认为有重大创新，另一位则认为是离经叛道，后来换了一位专家，还是没通过。

　　搞什么鬼？刊物主编自己认为作者文章好，干吗要听外审专家的？据我所知，外审专家不通过，大多是作者与他的观点相左，或对他的观点提出了质疑。若如此，岂不会打压创新？可取的办法：外审意见只做参考，主编对用稿要有决定权。至于怎样防止"关系稿"，是另一个话题了。

他山之石

国际视野与历史眼光

打破门户之见

学者要有立场

学术重在求真

不必盲信名家

国际视野与历史眼光

　　早在3000多年前，黄河流域就诞生了"农耕文化"。秦皇汉武、唐宗宋祖，威动海内，四方臣服。直到18世纪，中国还是康乾盛世，在东方巨人眼里，大洋西面的世界皆蛮荒小国，只配以我为师。

　　与我们妄自尊大相反，西方国家却从未错过向中国学习的机会。盛唐时期，东瀛使者越洋而来，他们不仅穿上宽袍大袖的唐服，练习笔走龙蛇的汉字，还带走了朱雀大街的图样、大唐帝国的典籍律令。

　　欧洲人好学比日本更是有过之而无不及。中国的四大发明，让他们如获至宝，一批批船队装上罗盘，扬帆东行；商人扔掉鹅毛笔和羊皮，印刷出讨伐暴君的檄文；倒皇派用火药枪击溃朝廷军队，建立了"共和体制"。

　　当麦哲伦环球航行时，明朝嘉靖皇帝却颁布谕旨，宣布"闭关"；清朝乾隆皇帝在给英王乔治三世的信中，也回绝了对方扩大通商的要求；西方使节送来的火炮、船模、望远镜，被视为奇技淫巧；英伦三岛的机器轰鸣，美国哈得孙河上汽笛的尖叫，被紫禁城厚厚的宫墙隔开，中西差距越拉越大。1776年，英国亚当·斯密发表《国富论》，他指出，忽视海外贸易，闭关自守，使中国的文明停滞了。

鸦片战争的失败，令中国有识之士猛醒。林则徐最早睁眼看世界，苦心编译《四洲志》，但未及上达圣听，就被发配至新疆。他的好友魏源，皓首穷经10余年，写成100卷《海国图志》，在国内的发行量却不及日本。

著名思想家严复潜心翻译亚当·斯密的《国富论》，可大清官员怎听得进洋人的"一派胡言"，维新变法的经济改革，呱呱落地百余天就夭折。西风东渐没有多久，大清帝国便荡然无存。

19世纪上半叶，英国还是"世界工厂"，伦敦银行吞吐着天下财富；50年后，美国就通过高速工业化，把昔日的宗主国甩到了身后；拿破仑叱咤欧洲大陆时，德意志还是四分五裂，一盘散沙，但它以经济统一促进政治统一，成了欧洲新霸。

工业革命以来的300多年，世界各国大变革、大竞争、大交流，有的先声夺人，有的急流勇进，有的奋起直追。国际社会，百舸争流，群雄逐鹿，演绎出了一幕幕惊心动魄的人间活剧。

应该说，20世纪80年代前，我们对西方世界仍是以管窥豹，知之甚少。由于种种原因，对西方的经济成就更是讳莫如深。而长期的闭塞视听，使我们缺乏冷静的观察思考。我们曾以苏联老大哥为师，建立了计划经济体制，并且认为只有计划经济才是独门单方，市场经济最终会失败。

1936年，英国经济学家凯恩斯出版《就业、利息和货币通论》，此后政府调控经济，风行整个西方世界，并创造了数十年的经济繁荣。我们也曾认为，社会主义和资本主义的根本不同，就在于前者是"一大二公"，后者是生产资料私有，但却没有看到，二战后欧洲各国大搞"国有化"，国家对经济的控制，比起我们来并不逊色。

我自己经历过短缺经济年代。而即便是在那个年代，我们还以为西方国家老百姓仍生活在水深火热之中，殊不知人家早就建立了社保体系。当我们为既无内债，又无外债而沾沾自喜的时候，国际贸易、资本全球流动早已蔚然成风。闭上眼睛捉麻雀，使我们一次又一次地与"历史机遇"擦肩而过。

古人云，亡羊而补牢，未为晚也。改革开放以来，我们冲破樊笼，敞开国门，大胆吸收发达国家一切有用的文明成果，国家建设欣欣向荣，经济发展一日千里。从一定意义上说，通过改革开放，我们对西方世界才重新认识、重新定位、重新估价。

打开国门，我们看到世界的丰富多彩，得出了各国文明的多样性是人类文明进步动力的结论，不再视西方文化为洪水猛兽，而是大胆借鉴，为我所用。正因如此，我们改革开放才一路顺风顺水，稳步前行。2010年，中国已成为世界第二大经济体，如今迎来了从站起来、富起来到强起来的历史性跨越。新中国洗去百年耻辱，已跻身于世界强国之林。

今天，我们已踏入21世纪的第25年，经济全球化风起云涌，中国与世界的联系更加紧密。历史行进于此，一次新的发展机遇正朝我们迎面走来；但无庸讳言，我们也将遭遇到更为严峻的挑战，单边主义、逆全球化等影响国际环境的不确定性因素增多。知己知彼，百战不殆。要转危为机，我们必须有开阔的国际视野和历史眼光。

纵观世界历史，回溯西方发展历程中的经典事件，一定会触动我们的心灵，引发我们对中国经济的深入思考。如果我们能从西方兴衰嬗变的历史中找到经验教训，便可趋利避害、少走弯路。中国改革的巨轮，也一定会乘风破浪，一往无前。

打破门户之见

　　中国人习武历来是讲门派的，少林、武当、咏春、迷踪等门派纷呈，功夫自成一家，密不外传。我不懂武功，但年轻时喜欢读金庸的武侠小说，如痴如醉。那时候我总在想，如果能将中国各门派功夫加以整合，相互取长补短，岂不是可以无敌天下？

　　我自己是学经济学的。读大一时，同学和我尚无门派观念。所用教材不仅有马克思的《资本论》、萨缪尔森的《经济学》，也有苏联科学院经济研究所编的《政治经济学教科书》，且皆为必修课，那时在我们脑海里，经济学没有地域之分，也没有门户之见。

　　读到大二，开了一门新课"西方经济学说史"。同学们不解，问老师：马克思是德国人，德国也在西方，可为何《资本论》不属于西方经济学呢？老师解释：西方经济学是指为资本家阶级服务的经济理论，而马克思《资本论》是工人阶级的"圣经"。

当时，我正在读马歇尔的《经济学原理》，有两点发现：一是经济学前面没有了"政治"二字；二是只讨论价格决定，不讨论商品价值。当时为我们讲课的是一位外教，中文名叫马思德，我请教他：马克思认为价值是劳动创造的，为何马歇尔要回避这一问题？他告诉我：马克思是哲学家；马歇尔是经济学家。

听他这样说，我断定他没读过《资本论》。当时我想，马克思经济理论来源于英国古典政治经济学，而马歇尔也是通过综合英国古典政治经济学，开创了新古典学派。两者同宗同源，可西方学者为何不读《资本论》呢？难道他们对经济学有门户之见？

事实确实如此。后来我多次赴欧美访学，在所认识的西方学者中，很多人不懂《资本论》，甚至不读亚当·斯密的《国富论》。有一年，我带领几位同事赴牛津大学做学术交流，经济学院一位教授将斯密的《道德情操论》当成了《国富论》，侃侃而谈。我提醒说：你讲的是斯密的另一本书，不是《国富论》。

午餐时，那位教授特地向我表示歉意，说自己没读过《国富论》，我和同事皆吃惊。今天的学者怎么了？《国富论》是经济学的开山之作，也是学界公认的经典，研究经济学怎可以不读《国富论》呢？还有，国外有些学者也从未读过

《资本论》，却妄加指责马克思，真是不知天高地厚。

　　反观我们国内，也有学者对西方经典持排斥态度。批评西方经典的文章我曾读过一些，通常是用三板斧：唯心主义的思想方法；站在为资本家辩护的反动立场；导致劳动人民生存条件进一步恶化。而据我所知，这些写批评文章的学者，大多没有读过西方经典。

　　真是奇哉怪哉！西方某些学者不读《资本论》，却敢肆意贬低马克思；而国内也有学者不读西方经典，却可以写出批评文章。到底是怎么回事？思来想去，我认为中西方学者都存在门户之见。其实，马克思的《资本论》与西方其他经济学经典，皆是人类文明成果，既不能简单否定，也不能完全照搬。

　　令人匪夷所思的是，不仅中西方学者存在门户之见，西方学者之间也有门派之争。凯恩斯学派否定萨伊定律；货币学派与供给学派又否定凯恩斯学派。自20世纪30年代以来，各学派之间一直在唇枪舌剑，谁也不能说服谁。可冷静分析，各学派之间其实只是政策主张不同，所用经济学原理（规律）是一样的。

　　说我的看法。学术研究不宜画地为牢，应打破门户之见。比如萨伊定律说：人们卖出商品是为了购买自己所需要的商品，供给能自动创造需求。凯恩斯对萨伊定律发动"革命"，却最终酿成了经济滞胀。何以如此？原来，萨伊是从供给侧讲总量均衡；凯恩斯是从需求侧讲总量均衡。两人都忽视了"结构均衡"。

马克思在《资本论》中，专门研究了结构均衡的前提条件，即"价值补偿"与"实物补偿"需同时实现平衡。历史不能假设。要是没有门户之见，当年罗斯福推行新政时能借鉴马克思的"两个补偿"理论，美国后来可能不会陷入滞胀困境。

我说学术研究要打破门户之见，是指不能不加分析地全盘否定，而应相互借鉴，取长补短。同时，由于经典作家的立场各有不同，也不能照抄照搬。一般来讲，对西方经典可做三个层面的区分。

在政策主张层面，若作者不是站在多数人一边，就要小心他提出的政策主张。政策主张属于价值判断，如亚当·斯密在《国富论》中提出自由贸易主张，明显是对当时的英国有利，对相对落后的德国不利，于是德国经济学家李斯特提出了"幼稚工业保护论"。

在理论观点层面，要注意作者的前提假设与约束条件。作者的理论观点（结论），是在特定假设与约束下得出的，若假设与约束改变了，结论可能不成立。如"配第—克拉克定理"，其前提假设是"工业化初期阶段"，而到了工业化中后期，此定理便会失灵。

在分析方法层面，可以借鉴作者的分析角度与分析工具。如边际分析，大大增强了经济学的解释力；而采用计量分析（数学模型），使经济学更加成熟。但经济学毕竟属于分析科学，要处理好理论分析与数学模型的关系，模型只是工具，不可喧宾夺主。

只要把握好上面三个层面的区分，年轻学者不必视西方经典为洪水猛兽。即便你想要批评西方经典，你也得先读懂，是不是？

学者要有立场

科学无国界，科学家有祖国。这本来是不成问题的问题，可时下流行的观点说：经济学研究的是经济规律，而规律放之四海而皆准，故经济学者不仅不应有国界之分，而且也不应该有立场。另一种更直白的说法：经济学应该像物理学、化学等自然科学一样，只揭示客观规律，不能加进学者的价值判断。

价值判断是人们价值观的表达，说研究自然规律无需有价值判断是对的。如"水往低处流"是自然规律，我们可根据"水往低处流"的规律建电站造福社会；另外，水往低处流也可能冲垮堤埂，给人类造成灾难性后果。是的，水往低处流是一种客观存在，无所谓好坏，对自然规律，科学家当然不必作价值判断。

自然科学如此，可经济学并非如此。经济学毕竟不是自然科学，自然科学研究的是自然规律，经济学研究的是人类经济活动中的生产关系，研究生产关系怎可能没有立场呢？读者想想，经济学发展数百年，为何对"公平"至今未有一致的定义？是由于经济学家的立场不同，对"公平"的定义才五花八门。

让我们一起回溯经济学的历史吧。学界公认，经济学的开山之作是威廉·配第1672年出版的《政治算术》。算术者，统计计算也。由此看，配第所说的"算术"，其实就是经济学，或者说是经济学的代名词。问题是配第为何要在"算术"之前加上"政治"二字呢？我理解，配第无非是想表明他的经济学有立场。也正因为此，马克思称配第为"政治经济学之父"。

配第之后的100多年，英国古典政治经济学的发展风生水起，其间产生了两位伟大的经济学家：一位是亚当·斯密；另一位是李嘉图。斯密1776年出版了《国富论》，李嘉图1817年出版了《政治经济学及赋税原理》。读者若是读过这两本书，会不难发现其有鲜明的立场。他们两位大师皆站在产业资本家的立场抨击地主阶级，为工业革命与自由贸易鸣锣开道。

众所周知，马克思的劳动价值论来自斯密和李嘉图，可马克思的立场却不同于斯密和李嘉图。马克思的政治经济学站在劳动者大众一边，运用劳动价值论分析剩余价值的来源和劳动者受压迫、受剥削的根源，并揭示了剥夺者必被剥夺的历史规律。列宁曾经说过：只有马克思的经济理论才阐明了无产阶级在整个资本主义制度中的真正地位。

到19世纪下半叶，经济学进入了新古典时代。早期的代表性著作主要有两本：一本是法国学者瓦尔拉斯1874年出版的《纯粹政治经济学要义》；一本是英国学者马歇尔1890年出版的《经济学原理》。请读者注意：瓦尔拉斯在"政治经济学"前加上"纯粹"，而马歇尔将"政治经济学"的"政治"省去，他们这样做显然是有用意的。是何用意？瓦尔拉斯自己说，目的是要抽象掉立场，建立起"一门如同力学和水力学一样的科学"。

新古典经济学真的没有立场吗？非也。无论是瓦尔拉斯还是马歇尔的著作都有立场，而且都是要掩盖阶级对立，为资本主义辩护。

20世纪30年代经济大危机后，西方经济学走向分化，出现了众多流派。有人问：西方经济学家若代表资本家阶级利益怎会有流派之争？我的回答：流派之争只是主张之争，凯恩斯主张国家干预，货币学派主张经济自由。两派主张不同，但立场却相同，皆是为了资本主义长治久安。

另一个现象更具迷惑性，那就是今天西方经济学大量使用数学模型。给人的感觉，经济学似乎已经变成了数学，可以没有立场。读者若是这样看就大错特错了。我说过，经济分析可以借助数学，但数学不过是工具，经济学家构建数学模型仍然有立场。要记住，若有经济学家说自己的著述没有立场，那是自欺欺人，你可千万别信他。

事实上，经济学家也并非完全否认自己有立场。经济学作为经世致用的学问，通常要采用实证分析与规范分析两种方法。实证分析回答"是什么"；规范分析则以一定的价值判断为标准，对经济行为或政策的好坏作评判。立场决定价值观。一个经济学家若没有立场，就等于没有价值标准，没有价值标准，何以评判经济行为或政策好坏呢？

由此，我想到了中国特色社会主义政治经济学的构建。如何构建我们自己的政治经济学？我认为最关键的是中国经济学家要有正确的立场。何为正确的立场？坚持以人民为中心就是构建中国特色社会主义政治经济学应该坚持的立场。这个立场，当然也是马克思主义的立场。

由此再想，中央提出的新发展理念，其实是对"以人民为中心的发展思想"的具体展开。新发展理念是对我国经济发展实践规律的提炼，而且是一个完整的体系：创新发展是动力；协调发展、绿色发展、开放发展是方式；共享发展是目的。从这个角度看，新发展理念可以作为我们构建中国特色社会主义政治经济学的理论框架。

这里再说怎样对待西方经济学。我的观点：我们不必排斥西方经济学。西方经济理论也是人类共同的文明成果，对反映市场运行一般规律的原理，我们可以借鉴；但对西方涉及价值判断的经济理论，就必须对其立场进行甄别，如果不符合人民大众的利益，不管那位经济学家的名头有多大，也不能照搬。

学术重在求真

学术研究重在求真。真即真理、规律也。前篇文章我说经济学者有立场，是指在探明规律之后，如何运用规律，学者提政策建议时要有立场。而我想提醒读者的是，在寻求规律过程中，得先放下利益站位，不然被情感所左右，将难以发现规律。

是的，规律不以人的意志为转移。即便没有学者发现它，它也客观存在。比如圆周率，无论阿基米德是否发现圆周率，圆的周长与直径的比值，皆约为3.14。后来中国的祖冲之将其推算到了小数点后面第7位，也只是更精确，并不能改变这个比值。

规律只能发现，不能发明创造，也不能创新，由此可推出的含义是，只要规律得以存在的前提条件不变，规律不会过时。这是说，规律只分对错，不分新旧。若原来人们发现的规律被新的发现所取代，只能说明原来的发现错了，而不是因为它旧。

国内时常有学者说：古典经济学关于"**按比较成本优势分工可以共赢**"的原理过时了，还以为自己看见了皇帝的新衣。这其实是一种误解。我要告诉读者，除非有人能证明这规律是错的，否则永远不会过时。当然，怎样衡量比较成本优势，具体方法可以创新，但规律本身不能创新。

所谓科技创新，我认为有两层含义：1.科学研究要发现新定理或新定律，而非创新；2.技术（产品）应不断创新。由此见，当经济学者讲某个规律陈旧时，他并未真正理解规律，实际上是在技术层面，说某个分析工具落后，已出现新的分析工具。

规律不仅不分新旧，也不分好坏。读者要知道，好与不好，是人们的主观判断，规律不会因为人们的好恶而发生改变。水从高处往低处流，是水平规律，不论你认为这个规律好还是不好，水都会从高处流向低处。它可能冲垮堤坝，导致泛滥成灾；而我们也可以利用水平规律蓄水发电，造福社会。

自然规律是这样，经济规律也如此。比如供求规律讲：商品供不应求，价格上涨；供过于求，价格下跌。在规律面前人人平等，谁也改变不了，政府也无能为力。如果认为某商品价格上涨过快，政府只能增加供给，不能直接限制价格，否则违背了供求规律，便会受到惩罚，价格上涨的压力会越来越大。

举肉禽产品的例子。2007年国际市场饲料涨价，养猪成本陡升，而政府却不让肉价上涨，养猪不合算，农民减少养猪，导致肉禽品供应短缺。于是政府一方面严控肉价，一方面给农民发放养猪补贴。哪知政府两边不讨好，农民不肯养猪，消费者买不到肉。最后只好放开肉价，不到半年肉价便自动回落。

再多想一层。规律也不分深浅。探索与发现规律需要做很深的研究；但发现规律后，表达规律应该浅，并且越简单越好。爱因斯坦研究物质运动速度的最大极限，是相当深的问题，但他写出的方程式却非常简洁：$\triangle E = (\triangle m) c^2$。其中 E 为能量，m 为质量，c 为光速。这个公式，也称为"爱因斯坦方程式"。

经济规律的发现过程，也同样十分复杂。前面提到的"按比较优势分工原理"，深不可测。我至今想不出李嘉图是怎样发现的，而他用英国与葡萄牙生产毛呢与葡萄酒的例子，将国际分工规律表述得如此浅白，当年我在图书馆读《政治经济学及赋税原理》，读到此处，在众目睽睽之下我跪了下来。

我注意到一个现象，近年来有些年轻学者，描述经济规律一味追求用复杂数学，以为越高深越好，这种做法也是错的。马歇尔与瓦尔拉斯研究市场皆用数学。马歇尔毕业于剑桥大学数学系，当过数学系讲师，他借助一个简单的坐标图，用供给曲线与需求曲线将市场均衡分析得淋漓尽致。而瓦尔拉斯用了五个联立方程式，得出的结论却与马歇尔完全一致，所以今天学者分析市场均衡，大多用的是马歇尔的曲线坐标图。

可见，规律是不分新旧、不分好坏、不分深浅的，学者探寻规律，不必考虑这三个方面，应将重点放在识别规律的真假上，规律的真假，当然要用事实验证，经过验证是对的，规律成立，反之则不成立。

世上没有绝对真理，真理总是相对的。与此对应，规律也是相对的，可分为两类：一类是阶段性规律；一类是普遍规律。

顾名思义，阶段性规律是指在特定阶段（特定时空条件下）才成立的规律，超越了特定时空阶段，则会失灵。比如奥肯定律说：一个国家经济增长率每提高 2%，失业率大约会下降 1%。在 20 世纪 50 年代，此规律无疑是对的，可在今天却不管用了。

所谓普遍规律，也非绝对真理，只是不受特定时空条件约束。普遍规律成立，也需有某些前提假设与相应的约束条件。前提假设与约束条件不变，规律不变；若前提假设与约束条件发生改变，规律也不再成立。比如"需求定律"：价格上升，需求会减少。其前提假设是产品不变，偏好不变，收入不变。若其中一点改变，商品价格上涨时，需求可能不降反增。

写到这里，我想对本文作简单总结：学术求真，是用实证方法发现客观规律，为此学者必须先将个人利益、情感、喜好等统统放在一边，要不唯书、不唯上、只唯实，否则，你将会与规律无缘。

不必盲信名家

不知读者是否还记得，我在《读书是一门学问》中说：读经典要先相信经典作家，假设他讲的都是对的，不然你打开书就开始质疑，或边读边质疑，这样你会读不下去。当年同学中有人读经典，不愿意相信经典作家，读不了几页，便半途而废了。

这里我让读者不必盲信名家，你是否会觉得前后自相矛盾？其实不矛盾。我那篇文章所讲的意思是，在读某部经典之初，最好别质疑；而在反复读过之后，对自己不理解或不认同的观点，可以请教老师，与同学一起研讨，也可大胆提出质疑。

不瞒读者，我年轻时对经典作家是盲信的。不只是对经典作家，对所有名家写的书皆深信不疑。遇到读不懂的分析与观点，只会觉得自己蠢，绝不认为经典作家（名家）会出错。记得读《国富论》时，有一处错误，将除法的"除"字排成了减法的"减"字，我百思不得其解，但也不敢想是排版错了。

30年前，一位学者将自己翻译的《国富论》送给我，我重读时发现，那个字的确是"除"字，原来是排版印刷出了错。这个字让我纠结了近10年，才终于真相大白。此后再读经典，若有读不懂的地方，我会怀疑排版有错，仍不会怀疑经典作家。

我对经典作家产生质疑，是28年前重读凯恩斯的《就业、利息和货币通论》，在分析投资乘数时，凯恩斯提出了一个计算公式：投资乘数 = 1/（1-边际消费倾向）。对此，我有疑问，假若边际消费倾向为1，则投资乘数将会无穷大；而在有消费信贷的情况下，边际消费倾向完全有可能等于1，比如1997年美国居民储蓄即为负值。于是我断定是凯恩斯错了。

2000年前后，我曾用了两年时间重新系统读经典，发现经典作家真的会出错。下面我举几个例子：

例一：亚当·斯密在《国富论》中论述国际分工时，提出两个国家按各自的绝对成本优势进行分工可以双赢。我的疑问是：一个落后国家与另一个发达国家比，可能不存在绝对成本优势，难道两国间就不应分工？显然，斯密的论证有缺陷。而这一缺陷，后来李嘉图提出了"按比较成本优势分工"才得以弥补。

例二：李嘉图在《政治经济学及赋税原理》中指出，今天的公债是明天的税，故对政府来说，发债与加税的效果等价。我的疑问是：若发债用于基础设施或生产性投资，可增加政府收入；而加税则会抑制企业生产，减少政府收入。两者并不等价，当年里根政府推行减税使美国经济走出滞胀，即为例证。

例三：马歇尔在《经济学原理》中指出，吉芬物品是需求定律的例外。我的疑问是：经济学定律能否存在例外？有例外还是定律吗？1949年弗里德曼发表了《马歇尔的需求曲线》，认为马歇尔的说法是错的。指出分析需求定律应假定影响需求的非价格因素不变，只要在此假定下，需求定律绝无例外。

例四：萨缪尔森在《关于反通货膨胀政策的分析》中，用"通胀率"替代"工资率"，重画了一条"菲利普斯曲线"，说一个国家要保持低失业率，就得承受高通胀率；反之则相反。我的疑问是：可否用通胀率替换工资率，工资增加会推高成本，但成本上升未必会推高价格。因为价格并不由成本决定，而是由供求决定。而40多年来，大多国家的事实证明，"菲利普斯曲线"站不住脚。

例五：科斯在《社会成本问题》中认为，只要交易成本为零，产权界定清晰，无论产权界定给谁，市场可引导资源配置达到高效率。我的疑问是：若某化工企业排放废气，假定产权界定给工厂的交易成本相对低，政府将产权界定给了工厂。在此情况下，工厂排放废气的社会成本未能内化为企业私人成本，而是转嫁给了居民。资源配置显然没达到高效率（帕累托最优）。

够了，不用再举例。从上面的例子可以看出，经典作家并非圣人，不可能万无一失。年轻学者读经典，不要像我当年那样盲目地信。对正确的观点要信，对不正确的观点应该质疑。质疑是学术研究的起点，那些获得诺贝尔经济学奖的学者皆是从质疑开始的，他们所研究的问题，也大多可从前人经典中找到源头。

我现在认为，质疑需要独立思考，这是一种重要的学术能力。虽然我自己做得不好，直到1997年才有所觉悟。亡羊补牢，2016年我出版了《经济学反思》；2024年又出版了《通向繁荣之路：经济学家为什么争论》，算是自己对读经典的两次阶段性总结。有兴趣的读者不妨读一读，没准对你会有些许启发。

不盲信名家，对经典保持质疑态度，在我看来，最大好处是可以避免照搬照抄。新中国成立之初，我们照抄苏联模式，走过不少弯路；苏联解体后，俄罗斯照抄西方模式，也付出了惨痛代价。经济学是经世致用的科学，年轻学者担负着民族复兴的使命，对西方经典更应去粗取精、去伪存真，使其为我所用。

　　要特别提醒的是，对西方经典提出的政策主张，学者一定要站在中国立场权衡利弊得失，不能简单照搬。我说过，西方经典作家是有立场的，我们中国学者当然也要有自己的立场，应坚定地站在人民大众一边，不管经典作家的名头有多大，只要不符合中国人民的利益，就绝不能崇洋媚外，避免上洋当吃洋亏。

从教者说

说讲课三戒

在中央党校任教，我最深的感受是讲课难，要讲好课更难。多年前曾在高校工作过，也是教书，现在回想起来，当时的压力似乎并不大。照理讲，我校内外讲课无数，久经沙场，可每次上课，却仍如履薄冰。不知别的教师怎样，我自己上课的前一晚肯定会睡不好。何以如此？我反复想过，是因为在党校讲课有许多不同于高校的地方。

最明显的一点，在高校做教师，面对的是年轻学生，有统编教材，而且是传授知识，上课虽未必照本宣科，但可以按图索骥，一章一节地讲，只要讲得够清楚，学生好考试就会受到好评。这样两三个学期下来，教师对教材了如指掌，讲起来驾轻就熟，自然不会有太大压力。

可在中央党校任教，讲授的是专题课，而且讲题总在变，没有现成的教材，讲义得教师自己写。更困难的是，党校学员学历高（有研究生以上学历的占60%以上），他们长期在第一线摸爬滚打，不仅见多识广，有的还直接参与政府决策，面对这样一个特殊群体，怎会没有压力呢？

社会上有一种误解，认为党校与高校的区别是高校注重学术，而党校注重政治。骤然听，似乎是那么回事。但仔细想，却似是而非。事实上，党校讲课对学术的要求比高校还要高。说过了，高校讲课是传授知识，教师即使不做研究，照样能把课讲好；而党校讲课则是研究问题，没有学术功底，是不可能讲好课的。

党校姓党，教师讲课当然得守纪律，不可信口开河；但这绝不等于可以忽视学术。政治是什么？中央讲"发展是党执政兴国的第一要务"，这是说，发展就是最大的政治。一个国家要富强，首先得尊重规律，而学术的本质就是揭示规律。由此看，政治与学术并不矛盾，那种违背规律的空头政治，不要说学员不爱听，我们教师自己也不爱听，更不会信。

之前常听有学员抱怨，说教师讲课脱离实际。换个角度看，这正是党校讲课难的原因所在。其实，高校教师也可能脱离实际，可为何学生没有这种批评呢？说来很简单，高校学生尚未走出校门，他们主要关注的是考试，教师联系实际的好坏，他们也无从判断；而党校学员带着实际问题来，希望在党校找到答案。这样期望越高，失望也往往越大。

面对学员的抱怨，曾有党校教师解释说，自己从校门到校门，没在基层挂职锻炼（工作）过，缺乏实践经验。这种解释肯定是原因之一。但往深处想，理论脱离实际，我认为既有可能是对实际缺乏了解，也有可能是对理论掌握不透彻。

我注意到一个现象。前些年，中央党校派了不少教师到基层挂职，补"实践"课。这些教师返校后，联系实际的本领确实提高了，而也有少数教师，并未有何改进。这后一类教师，明显是理论功力不够。别的学科我不了解，经济学我清楚，像弗里德曼、科斯这样的经济学大师，也不曾在基层工作过，可联系实际的水准绝对一流。所以如此，是得益于他们深厚的理论功底。有理论在胸，看现实便入木三分；否则，哪怕你触摸到了实际，也是雾里看花，不明就里。

党校讲课难，再一方面是文风问题。之前我曾认为改进文风的重点是在主席台上，而不是在台下。领导在台上作报告，故改进文风是领导的事，可转念一想，我们教师讲课不也是在（讲）台上吗？既然在台上，当然也应改进文风。说我自己的思考，党校教师讲课改进文风，至少要做到三戒：一戒空对空；二戒就事论事；三戒人云亦云。

所谓"空对空"，是指讲空话套话，或用文件解释文件。我曾看过一些教师的讲稿，的确存在此类问题。比如有的讲稿，通篇都是某文件指出，完全看不到教师自己的分析。殊不知，学员对文件也是非常熟悉的，从文件到文件地讲，教师讲起来空空如也，学员听起来觉得简单重复，缺乏深度。

读者不要误会，我不是说党校教师不能讲文件，文件不仅要讲，而且也应该讲。但学员来中央党校学习，不仅是要知道文件是怎么讲的，还要了解文件为何这么讲，背后的理论逻辑与现实逻辑是什么。若仅停留在文件本身，浅尝辄止，学员当然会抱怨你讲得"空"，"不止渴"。

所谓"就事论事"，我指的是讲现实缺乏理论参照与历史参照，动不动就是"我认为"。理论联系实际，很多人以为就是对实际开"处方"。有的教师为了急于联系实际，不做理论解析，不做历史比较，一开口就出招。难怪学员说某些教师是"情况不明胆子大，心中无数点子多"。

据我所知，学员并不要求教师直接替他们出招，而是希望学会怎样用理论分析实际。四川一位来党校学习的省领导跟我讲，由于公务繁忙，他平日很难静下来读经典，来党校是想听老师讲经典，充充电。可有的教师热衷于"看门诊"，结果欲速则不达，所出的招不管用，学员反而觉得脱离了实际。

所谓"人云亦云"，是说有的教师缺乏独立思考，讲课很少有自己的见解。有的教师讲稿一用就是两三年，一字不改。讲稿内容，不是领导同志怎么说，就是别的专家怎么说，自己好像只是个传声筒，一堂课讲下来，没有自己的分析与判断，让学员一头雾水，摸不着边际。

　　出现这种情况，原因是教师对问题研究不深不透，自己没有主见，也怕讲出来贻笑大方。古人云："师者，传道授业解惑也。"特别是党校教师，若不下苦功做研究，只是将人家的观点照搬，学员怎会满意呢？换位思考，假如我们自己去听课，别人老调重弹，对你没启发，你会怎么想？

说问题导向

若我说讲课要坚持问题导向,恐怕今天没有人不同意。既然大家没有异议,再写文章岂非多此一举?当然不是。自己从教30多年的经验是,赞成问题导向是一回事,而能否做好是另一回事。这些年常听学员说有些教师讲课缺乏针对性,其实就是没有突出问题导向。

曾与中央党校的年轻教师交流过。很多人以为,坚持问题导向是指一堂课要针对某个问题讲。这样理解显然不准确。大家想想,教务部安排进教学计划的讲题哪一个不是重大问题?可为何学员反映有的教师讲课针对性强,而有的教师针对性却不强呢?甚至同一个讲题,不同的教师讲针对性也会大不相同?由此看,讲题设计要针对问题只是一方面,关键还在怎么讲。

在党校任教,应该都曾听过别人讲课,评价一堂课讲得好不好,若让我说,就要看主讲教师能否为我释疑解惑。比如之前我不明白的道理，听课后明白了；之前我一直坚持的观点，听课后却发现自己原来理解错了；之前不懂得分析的问题，听课后茅塞顿开，知道怎么分析了。这样让我有收获，当然会认为这堂课讲得好。

人同此心，心同此理。事实上，学员听我们讲课也有同样的期待。也正因如此，在党校要讲好课就必须坚持问题导向。我在前面说，坚持问题导向不仅是讲题设计要针对问题，更重要的是整个授课过程都要针对学员的困惑。如果不针对学员的困惑，天马行空、无的放矢，学员也一定会云里雾里，不知所云。

大约十年前，我曾听一位校外专家讲生态环保问题，本来是慕名而去，结果却扫兴而归。那位专家一开始就演示了大量PPT图片，介绍当前国内生态环境问题有多严重；接下来他讲造成环境问题的三个原因：一是地方官员不重视环保；二是环保部门监管不力；三是财政对环境治理投入不足。最后他的结论是：解决生态环境问题要加强领导、加强监管、加大投入。

不能说那位专家没有问题意识，生态环保本身就是重大问题，可他两个多小时讲下来，却未回答我的困惑。我当时的困惑是：中央高度重视环保，可为何地方官员不重视环保？在国家财力有限的条件下治理环境，除了政府投入，是否还有别的办法？市场机制在生态环保方面如何发挥作用？

所以在我看来，他的讲题虽然针对了问题，但讲课却未针对听众的困惑，并没有贯彻好问题导向。

是的，讲课所强调的问题导向，关键是要针对听众的困惑。这是说，教师要想讲好课，课前首先就得对学员有何困惑做到心中有数。问题是我们怎么知道学员的困惑呢？当然是到学员中去调研，要是不调研，闭门造车，讲课难免会放空炮。我们常说理论要联系实际，对讲课来说，其实可理解为理论联系"问题"，这里的"问题"，就是学员的困惑。

说到学员的困惑，具体讲我认为可以分三方面：一是在讲题所涉领域学员目前尚未想到或者被忽视的问题；二是学员想到了但普遍存在疑惑与误解的问题；三是学员想到了而且也想对了，但不知道如何分析论证的问题。教师在备课时不妨扪心自问，自己对以上三方面的问题是否清楚？若不清楚，你最好先去做调研，做完调研再回来写讲稿。

以上三方面问题清楚了，那么水到渠成，讲课也就有了针对性。说一件我自己亲历的往事。1992年我从人民大学毕业后到党校任教，那时候党校不像现在有这么多班次，年轻教师上讲台的机会不多，主要任务是跟班听课。想来也是幸运，当时进修部组织员王雪玉同志安排我为省部班学员作一次集体答疑。说是答疑，其实是讲一堂课。没想到课后学员对我那堂课好评如潮，之后我也因此取得了进入主体班讲课的资格。

　　人贵自知，那堂课能够大获成功，并非我有什么过人的本领，而是那时候天天与学员一起听课、一起研讨，朝夕相处，我知道学员的困惑在哪里；加上是答疑，所以备课时我把握了一个原则：凡是学员懂得的道理我皆不讲，重点只讲那些学员有疑惑或有误解的问题。当时我并不懂得"问题导向"，纯属无心插柳，不过那次意外的成功，却让我领悟到了讲课有"针对性"的奥妙。

　　前面我将学员困惑分为三类，不知别人怎么看，我自己觉得很管用。当年在经济学部任教时，每当接到新的讲题我都会去与学员研讨，目的是投石问路，看看学员对我的讲题有何思考，有哪些疑惑或误解，有哪些问题需要我提供论证，讲课时我就针对这些问题讲。这办法屡试不爽，许多学员毕业多年后还说记得我当时讲课的观点，说明那些观点曾引起过他们的共鸣。

　　我在这里说这些，并非王婆卖瓜，而是希望年轻教师要舍得花时间了解学员。磨刀不误砍柴工，只有真正了解学员，讲课才会有针对性。这么说吧，假如你讲课能将学员引导到一个新的思维层面，或是你能澄清学员普遍存在的某些误解，又或是你能为学员提供分析某个问题的新角度与新方法，学员绝不会认为你讲课脱离实际、没有针对性。

　　需要特别指出的是，坚持问题导向固然重要，但要讲好课仅有问题导向不够，同时还得有学理支撑与恰当的讲课艺术。没有学理支撑，面对学员的困惑你会力不从心；而有学理支撑，若无恰当的讲课艺术，照样也会美中不足。至于何为讲课艺术，让我另写文章说吧。

说学理支撑

在中央党校讲课，得突出问题导向，但仅有问题导向不够，同时得有学理支撑。我说过，党校教师讲课与部委领导作报告不同。领导作报告是根据中央精神部署安排工作、提具体要求，用不着讲学理；教师讲课则是帮助学员领会中央精神、提高分析解决问题的能力，要是没学理支撑，学员就不会把你当专家看。

党校学员都是高中级干部，久经历练，有丰富的实践经验。他们来党校学习并不是要让教师为其解决某些具体问题支招，而是希望在理论上充电。相比而言，我们教师缺乏实践历练但却有学理方面的优势，这样各自扬长避短，学员向教师学习理论，教师向学员了解实际，教学相长，正好可以优势互补。

可目前的现实是，我们不少教师上课热衷于讲对策，对学理分析反倒不重视。曾在培训部召开的一次座谈会上，就有学员建议：老师上课不要过多讲对策，应把重点放在理论分析上。中组部驻班联络员也说，讲对策并非教师的强项，理论没讲透就急于讲对策，效果往往适得其反，让学员认为你不懂实际。

作为同行，我明白我们教师为什么热衷于讲对策。多年来学员一直有反映，说我们教师讲课容易理论脱离实际。为了不脱离实际，有人以为应重点讲对策。其实这看法是一种误解。我曾在中青二班当过一年的学员，据我所知，学员抱怨某些教师理论脱离实际，是指讲课空对空、没有针对性。要是有针对性，学员并不要求教师讲对策，倒是希望更多地从学理层面作讲解。

前篇文章我提到过生态环保问题，这个问题怎么讲？若是讲对策，恐怕你我都可以提出若干条对策来，而我们教师经常提到的是关闭那些高能耗、高污染的企业。可以往深处想，这类企业真的能一刀切吗？若是能够一刀切，政府又何必等到今天呢？再说，这样的对策难道学员自己想不出？所以提对策要以学理为基础，要考虑可操作性，绝不可拍脑袋、想当然。

就用这个例子，让我说说如何用学理分析。研究生态环保问题，不同的学科有不同的学理。别的学科我不懂，但我知道用经济学怎样分析。经济学认为生态环境被破坏，原因是企业的私人成本与社会成本分离。企业为了追求利润最大化不断排放废水废气，而企业只承担私人成本（料、工、费），对环境污染所造成的社会成本却不承担，正因如此，企业才肆无忌惮地污染环境。

由此看，解决生态环境问题，关键是要将社会成本内化，让企业承担相应的社会成本。怎样将社会成本内化为企业成本呢？经济学有两种思路：一是庇古方案，即将社会成本与税收挂钩，由政府直接向污染排放企业征税；二是科斯定理，即由政府根据交易费用（社会协调成本）高低给企业分配排放权，并通过排放权的市场交易将社会成本内化。显然，前者是政府调节的思路，后者是市场调节的思路。

到此学理就算讲清楚了。学理清楚了，教师便可以讲对策。不过，讲对策应重点针对体制机制，不要为具体问题"开处方"。比如：内化社会成本是通过征税还是通过市场是体制问题，我们教师可以提建议；但对排放权具体怎么分配，是给甲企业多一些还是给乙企业多一些，此类具体问题不必讲。各地情况千差万别，我们不可能知道各地不同分配方案可能产生的交易费用是多少，既然不知道，我们凭什么替人家拿主意？

教师应将重点放在学理上，对策要少讲甚至可以不讲，只要学理讲清楚了，学员自己会知道怎么做。另外，从科学方法论讲，现实问题也必须用学理解释，不能用事实解释事实。比如下雨天你看见有人摔倒，有人摔倒是个事实，下雨也是事实。如果你解释有人摔倒是因为下雨，那你是用事实解释事实。而用学理解释，则是因为路面摩擦力小。如果摩擦力够大，下雨不会让人摔倒；摩擦力过小，不下雨也会让人摔倒。

学习理论的目的在于指导实践。教师讲课注重学理分析，目的就是要引导学员运用学理指导实践。所谓学理，简单说就是反映客观规律的理论原理，如果我们能让学员懂得了学理，学员也就掌握了规律与分析工具，今后遇到现实问题他们自己就可举一反三，自行应对。韩愈说："师者，传道授业解惑也。"这样看，加强讲课的学理支撑正是我们教师的职责所在。

说到这里，另有两点要提醒：第一点，用学理分析现实问题需对现实作学理转换。事实上，很多现实问题并不能直接用学理分析，如果不将现实问题转换到学理层面，理论会派不上用场。前面我们之所以能用科斯定理分析生态问题，是因为先将生态问题转换成了社会成本问题。我反复思考过，过去学员说我们有些教师讲课"理论与实际两张皮"，症结就在缺少这种转换。

第二点，也是我认为最重要的：教师自己得有厚实的学术功底。学术功底从哪里来？当然是要多读书。马列经典要读，中央文件要读，其他经典也要读，只有读书多了功底才能扎实。可现在我们有些教师不愿坐下来读书，总想走捷径。教务部曾编过一本20世纪50年代党校一批名师的《老讲稿》，建议大家去读一读。读这部讲稿，给我的感受是，一个教师不博览群书，恐怕成不了名师。

说学术框架

在党校做教师，讲课必须有学理支撑。而有学理支撑，具体说就是有学术框架，否则信口开河，别人不会拿你当专家。尤其是在中央党校讲课，学员来自五湖四海，都能说会道。他们进党校学习，不是对问题没思考，而是想听教师怎样作理论讲解，教师若无学术框架，怎能为人释疑解惑呢？

时常听学员讲，党校教师的优势是懂理论。何为懂理论？说白了就是有学术分析框架。是的，这正是我们教师讲课与领导干部作报告不同的地方。比如同样讲中央文件，领导干部重点是传达中央精神，部署落实；而教师则侧重学理分析，不仅要讲中央精神是什么，还要回答为什么，要讲清中央精神背后的学理逻辑（根据）。换句话说，党校教师不是简单地用文件解释文件，而是要从学理上作分析。

问题是，究竟何为学术框架呢？我的解释，就是学者观察世界的理论坐标。不过它不是指某个点，而是一个参照体系。历史上有"庖丁解牛"的故事，庖丁解牛得心应手，绝不是因为他肯用蛮力，而是熟知牛的生理结构。再比如画画，一个画家要把人画好，了解人体结构比例是基本功。教师讲课也如是。一个问题摆在面前，若不先找到学术框架，讲起来没章法，别人听起来懵懵懂懂，也就不得要领了。

我在《读书是一门学问》中讲过。当年读大一时，课余时间几乎全泡在图书馆读书，而有件事却让我困惑：读张三的论文觉得张三对，读李四的论文觉得李四对，而张三与李四的观点大相径庭，我却无从判断对错。为此，我苦恼过很长一段时间，也怀疑自己是否适合做研究。后来，我把自己的苦恼告诉了老师。老师说：那是你没读经典，没有学术框架。一语点醒，从此我改弦易辙，埋头读经典。几年寒窗，对学者之间的争论便渐渐有了自己的判断。

的确，无论做研究还是讲课，都得有学术框架。没有学术框架，当你面对现实问题时，会如同老虎吃天，无处下口。说得再形象点，学术框架就好比是一张交通图。你要去天安门，从颐和园出发怎么走？假如你手里有交通图，一看便知。这是说，若有学术框架在胸，分析问题也就有了逻辑路径，这样不仅不会迷失方向，而且还可少走弯路。即便不小心走错了，也能按学术框架随时校正，至少不会闹出南辕北辙的笑话来。

写到这里，也许有人问，学术框架既然如此了得，那么框架从何而来呢？我的回答是，假若你天赋足够高，又有深厚的学术功力，你可以自己搭建框架。但若非如此，则另有一条捷径，即借用经典著作的框架。经典之所以称为经典，首先是她结晶了前人的智慧，经历了数十年甚至数百年的检验，颠扑不破；同时经典还有一个共性，那就是都有自己的学术框架。古往今来，没有学术框架的论著，哪怕曾轰动一时，但大浪淘沙，最终很少有立得住的。

我这样讲，当然不是说有学术框架的著作就一定能成为经典。我的意思是，被传承下来的经典，一般都有学术框架。以经济学为例，亚当·斯密研究分工与贸易，用的就是"绝对成本优势"的框架，而李嘉图用的则是"比较成本优势"的框架；马克思研究剩余价值，用的是"商品二因素与劳动二重性"的框架；庇古研究社会福利，用的则是"收入均等化"的框架；再有，马歇尔研究价格，用的是"局部均衡"的框架，而凯恩斯研究就业，用的又是"供求总量均衡"的框架。

不用再举例，经济学是这样，其他学科经典我想也如此。所以要想掌握学术框架，只有多读经典，舍此无他。经典读得多了，日积月累，学术框架就会慢慢多起来，碰到问题，你才能够随手拈来，游刃有余。中央党校历史上那些叫得响的教师，有谁不重视读经典呢？我曾让教务部选编过一本《中央党校老讲稿》，我发现，新中国成立初期中央党校的那些名师不仅个个熟读经典，而且讲课的学术框架也非常清晰。他们讲课受欢迎，这应该是重要原因之一吧！

另外还有个问题，本不必说，但想想还是觉得说说好。上文提到，但凡经典皆有学术框架，可经典著作很多，教师讲课如何选择呢？这里我讲有两个原则供参考：首先，要选本学科的经典。对一个问题，不同学科经典的分析框架往往不同，备课时最好选用本学科的经典。不是说别的学科经典不能用，而是隔行如隔山，用起来未必顺手。其次，要找准问题对应。这是说，你所分析的问题要与经典著作分析的问题属于同类型，不然张冠李戴，反而容易弄巧成拙。

最后再多说一句。借用或搭建学术框架是教师的看家本领。古人讲：闻道有先后，术业有专攻。假如你现在讲课还没有学术框架，不要紧，也不必懊恼，只要从现在重视起来，虚心向经典学习，向同道学习，下足功夫，假以时日你必有意外的惊喜：不仅课会讲好，做研究也会更上一层楼！

说讲课艺术

讲课到底有没有艺术这回事？我的看法是当然有。虽然一堂课讲得好不好，首先要看教师是否有思想，能否对听众有启发，但这并非说口才就无关轻重，相对思想性，口才的确在第二位，不过，一个教师要是既有思想，又有口才，两全其美岂不善哉？

我们都曾经做过学生，撇开大学不说，从小学到中学，为何有些老师讲课学生爱听，有些老师讲课学生不爱听？照理中小学老师讲的都是教科书，是传授知识，彼此思想性不应有太大差别，可受欢迎的程度为何会不同呢？

个中原因，是讲课艺术有高下。其实不只是教师，日常生活中这样的例子多的是。如领导作报告，同样讲经济形势，有人讲得妙趣横生，而有的却让人昏昏入睡。20多年前，我曾听过朱镕基总理的报告，单论讲话艺术，我认为无可挑剔。《朱镕基答记者问》一书已公开出版，不信再读读看。

实不相瞒，年轻时我十分留意别人的演讲技巧。大学期间，曾读过不少名人的演讲录，不是我追星，而是他们的演讲实在有感染力。也曾试图寻找规律，苦思冥想，可直到毕业仍不得要领。

所幸的是，读研究生时我的导师王时杰教授口才好，操四川口音，说话抑扬顿挫。而他最大的特点，是讲问题总能化繁就简，并恰到好处地举例子。也是巧得很，那时我正好看到卡耐基的一本小册子《语言的突破》，一夜间大彻大悟。我今天的讲课风格，自认为是得益于《语言的突破》的提点，当然更多是王时杰教授的真传。

其实说起来，讲课艺术并不神秘，不过由于人们审美情趣不同，对讲课艺术难有统一标准。就像写文章，文无定法，我们很难说清一篇文章要按什么标准写，但一篇好文章，却往往又能得到读者的公认。

讲课亦如此，虽无统一标准，但我认为有三条最要紧：1.三个清楚：想清楚、写清楚、说清楚；2.深处求新，浅处求胜，通俗地讲就是深入浅出；3.掌握节奏，推动互动。从字面看，这三条简单得令人吃惊，但要做到出神入化却非一日之功，需反复操练。为表达方便，让我分点谈：

三个清楚，是对教师讲课最起码的要求。不能想象，教师自己没想清楚的问题，会给学生讲清楚；退一步，即便教师想清楚了，那也未必能讲明白。因为从想清楚到说清楚，中间有个环节就是写清楚。

今天教师上课为何要提前写讲稿？这不单是为了方便学生预习；更重要的，是要督促教师把问题想透彻。当过老师的人都应该有这样的经历，有时某个问题自以为想清楚了，可一旦落实到纸上，却发现写不清楚。写不清楚怎能说得清楚呢？

有个现象我想顺便说一下。当下很多教师讲课只注重PPT（课件），却不重视写讲稿。事实上，讲稿比PPT重要得多，写讲稿的过程，本身就是研究过程，不下功夫写讲稿，研究做得不扎实，PPT再花哨有何用？徒有其表，课不可能讲得好。

经验说，教师即使能把问题百分百讲清楚，学生也只能理解90%；教师若只讲清90%，学生则只能理解70%；教师要是一知半解，那么学员一定是不知所云。由此看，教师要讲好课，写讲稿绝不可敷衍，只要讲稿真写得好，哪怕你在讲台上念，也不会差到哪里去。

所谓深处求新，浅处求胜，是说在写讲稿前，研究要深入，要勇于求新；但在写讲稿或讲课时，语言要浅白，要通俗易懂。牛顿说过，把简单的问题复杂化，可发现新领域；把复杂的问题简单化，可发现新定律。

研究问题从简单到复杂，想得愈深入愈好，但讲课相反，表达则是愈通俗愈好。大家去看看《毛泽东选集》，看看《邓小平文选》，是不是一读就懂？其实毛主席讲"枪杆子里面出政权"，邓小平讲"黄猫、黑猫，只要捉住老鼠就是好猫"，语言虽朴实无华，道理却博大精深。

关于通俗化表达，我自己的体会是要把讲理论与讲案例结合起来。一堂课从头至尾讲理论，会显得沉闷；但通堂都讲案例，又会让人感觉肤浅。还有个技巧，就是要善于用小案例来讲大道理。比如亚当·斯密讲分工理论，用的就是工厂制针的例子；科斯讲产权理论，用的是工厂排污的例子。别看这些例子很平常，但你若能用好这些例子，讲起来将有如神助。

最后说节奏与互动。记得卡耐基说过，成年人集中注意力一般每 15 分钟为一个单元。意思是说，超过 15 分钟，人的注意力会分散。既如此，教师讲课就得把握这个节奏，每过一刻钟，不妨放松一下，或讲个笑话，或插入一个小故事，不过笑话与故事要紧扣讲题，不得游离太远。

至于推动互动，办法很多，既可向学生发问，也可让学生提问。不过这并不是最好的互动形式，想当年，朱镕基总理来中央党校讲课，就不曾让学员提过问，可大家不时报以热烈的掌声与会意的笑声，这其实也是互动，而且是高境界的互动。

我并不是说大家都得去仿效朱总理，他的演讲极富个人魅力，别人想学也未必学得来。本来，教师讲课就是为了传道，只要能把问题讲清楚，学员爱听，一切管用的讲课方式应该都是艺术。这样看，东施效颦大可不必，也用不着把讲课艺术看得太神秘而作茧自缚。

说名师

　　清华大学老校长梅贻琦先生曾经说："所谓大学者，非谓有大楼之谓也，有大师之谓也。"大师即名师。何谓名师？顾名思义，是指学富五车、大名鼎鼎的教师（学术大师）。古往今来，写教师的文章很多，而我最推崇的还是韩愈的《师说》，一句"传道授业解惑"，把教师的职责写得淋漓尽致。

　　我这里说名师，当然不是教人如何出名，而是谈谈什么样的教师算名师，我们当下为何缺名师。这两个话题都很大，仁者见仁，让我说说自己的看法吧。

　　我眼中的名师，最重要的一点是得有真学问。业精于勤，不勤则业不精。这是说，名师一定是勤于业的。俗语说，板凳要坐十年冷。若不经过寒窗苦读，腹中空空，无论你在社会上怎样有名，也算不上名师。

　　当今新闻媒体发达，尤其有了互联网，要出名几近易如反掌。比如有的教师不埋头研究，而整天热衷于上电视，有的甚至不惜在网上靠发表骇人听闻的言论来吸引眼球。说起来，这些人名气也不小，可我不认为是名师。投机取巧，只是浪得虚名而已。

作为名师要有真学问，不过仅有学问还不够。人们常常把教师称为人类灵魂的工程师，教师既不盖房子，也不画图纸，怎会如此形容教师呢？我的理解是这样：古人讲，修身齐家治国平天下。意思是说，欲治国，先修身。而教师教书育人，为人师表，当然要在品德方面成为标杆。

特别是名师，让人仰望的应不止于学术，更是燃烧自己照亮别人的品德。其所求，是凡人难以企及的，如奉献；其所不求，又是凡人难以割舍的，如功利。名师的学问也许会被后人追赶，但品德却难以被人跨越。

名师的另一特性，是有海纳百川的胸怀。当然，名师有名师的高度，但名师的高度绝不是飞扬跋扈，唯我独尊，而是体现在眼界与境界上。越是名师，就越有谦逊的品行，我读书教书数十年，接触的老师无数，我发现，但凡名师皆有大气度。

我自己的导师宋涛教授就是例子。宋老从教70余载，桃李满天下，可他从不摆学术权威的架子。当年我写博士论文，他提修改意见后总会说，你可以不同意我。有一次我真的对他的意见提出异议，没想到他思考片刻后就立马承认是他错了。试问这不是名师风范是什么?

再有一点,名师所以为名师,就是他(她)与一般老师不同,一般老师主要是授业,而名师除了授业还要传道。当然,授业重要,不授业无以传道,但"业"却又不能代替"道","业"是知识、技能,是为"道"做铺垫的。据说一万千克玫瑰才能提取一千克精油,若把一万千克玫瑰比作"业",那么精油才是"道"。

《说文解字》讲:"道,所行道也。"而师者所传之"道",应该指道理、道德、道义,这与"道路"何干? 拆开想其实也有理。"道"是"首"加上走字边,联想起来,是指头脑走的路径,即思想、思路。所谓传道,直白地说就是教人规律与思维方法。这样看,名师同时也是哲人。

清代有位国学大师,叫王闿运。他把学问分为三等:一为诗文之学;二为功名之学;三为帝王之学。所谓诗文之学,纯粹是文人墨客附庸风雅,无病呻吟;而功名之学,则是为了高官厚禄,顶戴花翎,说白了还是为一己私利;而帝王之学却与前两种不同,为的是天下苍生,江山社稷。

是的,真正的名师,传授的学问一定能造福社会。别的学科我不知,比如经济学,20世纪末"厉股份"(厉以宁)、"吴市场"(吴敬琏)在国内家喻户晓而成为名师,说到底,是因为他们传授的学问推动了改革。

再谈第二个问题。上文提到了厉、吴两位教授,不是说国内经济学名师就只他们两位，其他学科也有名师。不过有个现象值得研究，近些年，高校教师的学历普遍提高了，没博士学位已进不了高校；而论研究条件，更是今非昔比。然而令人不解的是，现在名师却反而少了。

就中央党校来说，历史上曾经是名师辈出。提起杨献珍、艾思奇、郭大力、王学文、何其芳等教师，至今还如雷贯耳，令人肃然起敬。而今天的党校名师虽然有，但却是凤毛麟角。这现象怎么解释呢？

我想到的原因：主要是官本位作祟。我所认识的不少政府官员，当年其实就是高校的教师，而且是很有潜力成为名师的教师。可惜当他们有点学术成就后便改行从了政，人在官场，不能专心做学问，也不再教书，当然成不了名师。

另一个原因，是利益诱惑。应该说，今天高校教师面临的诱惑实在多，很多教师一旦出点名就忙于四处赶场，做独董、当顾问，日进斗金，财源滚滚。久而久之，学问荒疏，低水平输出，这样终究只能昙花一现，与名师无缘。

有一种说法，认为今天中央党校名师少，是由于校方推介不力。有这种想法可以理解，但我不认同这种说法。大约十年前，校方就曾有意推出几位名师，而我当时就不赞成。我的看法：名师既不能靠行政认定，也不能靠宣传包装。出名师的关键，是要靠激励机制让教师爱岗敬业，专心学术。

前些年，有一位教授在校内一次会议上动议，说应让党校名师享受副部级待遇。主意虽好，可操作起来难。我的建议是，只动内部分配，比如不突破工资总额而将档位拉开，让骨干教师工资至少再增多五倍。这样避难就易，诸位想想看，其效果是否也与那位教授的办法异曲同工？

说师道尊严

　　国人皆说尊师重教。我从教30多年，却并不觉得有多少人真的看重"教师"这个职业。当年大学毕业后求职，同学中愿教书的寥寥无几，即便选择了教书，后来也纷纷另谋高就。大学同学中，今天还留在讲坛的很少。当然，不是说尊师重教就得去教书，但多数人不肯教书，至少不能说教师地位高吧？

　　细想起来，我们这代人不愿做教师，应该与20世纪60年代的"文革"有关。当时我刚进小学，记忆最深的是有位叫张端云的老师，不是本地人，不仅课讲得好，普通话也说得好，学生家长皆对她尊敬有加。可突然有一天有人说张老师丈夫是"右派"，她是"敌特"，她遭到粗暴批斗，而且还被赶出了学校。

　　像这等荒唐的事，那时候特别多，就连我的导师——中国人民大学宋涛教授，当年也被自己的研究生揪出来批斗。

是的，十年浩劫，礼崩乐坏，学生时代留下的这种阴影，至今挥之不去。

教师传承文明，尊师就是尊重文明。从这个角度讲，全社会都应尊师，维护师道尊严。不过对维护师道尊严，我认为并非只是让人们"尊师"，同时教师也得尊"师道"。"道之所存，师之所存也。"这是说，先有"道尊"才有"师尊"。所谓"道尊"，就是重师德，讲操守，有学识。教师为人师表，三者缺一不可。

是的，教师要赢得学生尊重，首先得自尊，恪守"师道"；否则不尊"师道"，学生也就不会从心底里敬重你。想想看，一个教师不严于律己，道德失范、品行不端，让学生尊重你什么呢？再有，你腹中空空，不学无术，别人还去尊重你，那他岂不成了傻瓜？

今天的教师过去都曾做过学生，从小学到大学，认识的老师应该不少。扪心自问，你为何对有的老师心怀崇敬，而对有些老师却不以为然？答案无他，是因为老师的师德或者学问有高下。

当然，这只是我对"师道尊严"的理解，见仁见智，大家可以有不同的解读。所谓"一日为师，终身为父"，原则上我是同意的；但作为教师，"尊严"我认为主要得靠自己树立，而且"尊师"也绝非要让学生俯首帖耳，没有原则地唯命是从。

历史上，孔子就曾主张教学相长，鼓励学生"当仁，则不让于师"。而韩愈也讲，师生本是"无贵无贱，无长无少"，彼此平等。这样看，若把"师道尊严"看作教师高高在上、一言九鼎，学生只能绝对服从，恐怕就严重曲解"师道尊严"的含义了。

当下有个现象，本来我不想说，但考虑再三还是觉得说出来好。现在有些教师不把学生当学生，而是当作旧时候的徒弟，于是师生就成了师徒。我无意贬低过去的师徒关系，但师生毕竟不是师徒。

师傅带徒弟重在授业（传艺），师傅有绝对权威，而且讲门派，如少林弟子就不得习"武当"；而老师教学生虽也授业，但主要是传道，学生可兼收并蓄、博采众长。还有，徒弟对师傅存在某种依附关系，通常是"三年学艺两年帮"，而今天师生平等，学生不必替老师干私活。

我这样指出师生与师徒的分别，并非刻意抠字眼，我想表达的是，老师不同于师傅，在学术上，老师不能唯我独尊。若学生与老师见解不同，老师不可压制学生；学生质疑老师的学术观点，也不是冒犯"师道尊严"，不能给学生扣"不尊师"的帽子。

教师是应该有这种胸怀的。古人讲，"弟子不必不如师，师不必贤于弟子。闻道有先后，术业有专攻，如是而已"。外国人也说，"我爱我师，但更爱真理"。其实，用科学态度对待学术，不以身份论对错，这才是"道"的真正要求。

我所知道的，亚里士多德是柏拉图的学生，可他创立的哲学体系与老师截然不同；凯恩斯是马歇尔的学生，但他提出的理论却突破了新古典框架；梁启超是康有为的学生，但后来却接受民主共和的思想。这些人无一不感怀师恩，无一不尊敬自己的老师。

说我自己的例子，当年跟宋涛教授读博士，每次上课，宋老总说你可以不同意我，起初以为是客套话。有一次，他帮我修改论文，而我却告诉他对某些修改不赞成，结果你猜怎么着？宋老说："你是对的，我错了。"那时那刻，我对宋老的崇敬油然而生。

这是一方面。另一方面，教师不同于师傅，不得视学生为雇员。换个角度说，学生不给老师干私活也不是不尊师。君不见，近些年不少高校教师不愿给学生上课，但却热衷到处拉课题让学生帮他干活。在教师眼里，学生就是打工仔；而在学生眼里，老师就是包工头。

我曾在多个场合听到过这种议论，甚至有学生称自己导师为"老板"。也难怪，学生替你干私活，你给学生工钱，你不是"老板"是什么？问题是学生一旦把你当"老板"看，原本的师生关系，就变成了雇佣关系。请问，你作为教师的尊严何在？

教师是有尊严的，而且教师的尊严是神圣的。写到这里，我想说的还是那句话，教师固然需要"他尊"，但更需要自尊。"师道尊严"不是保护伞，不要指望强调"师道尊严"就能守住做教师的尊严，若是那样想，就大错而特错了。